문장 해석과 지문 이해를 한 번에 끝내는 **리딩 클리어**

READING CLEAR

2

독해 자신감을 키우는 READING CLEAR

- 핵심 구문 이해로 정확한 해석력 UP!
- 글의 구조 파악으로 지문 이해력 UP!
- 재미와 정보가 있는 지문으로 배경지식 UP!

학습자의 마음을 읽는 동아영어콘텐츠연구팀

동아영어콘텐츠연구팀은 동아출판의 영어 개발 연구원, 현장 선생님, 그리고 전문 원고 집필자들이 공동연구를 통해 최적의 콘텐츠를 개발하는 연구조직입니다.

원고 개발에 참여하신 분들

강남숙 이수열 임선화 강신자 오건석 김기중 최진영

READING CLEAR

2

Structures

주제 및 단어수

QR코드로 지문 MP3 바로 듣기

GET READY

글에 대한 배경지식을 활성화하고, 흥미를 높여줍니다.

다양한 분야의 참신하고 유익한 지문으로 재미있게 독해 능력을 쌓을 수 있습니다.

구문해석 Clear

32개의 필수 구문을 연계한 해석 기법으로 정확하게 해석하는 연습을 합니다.

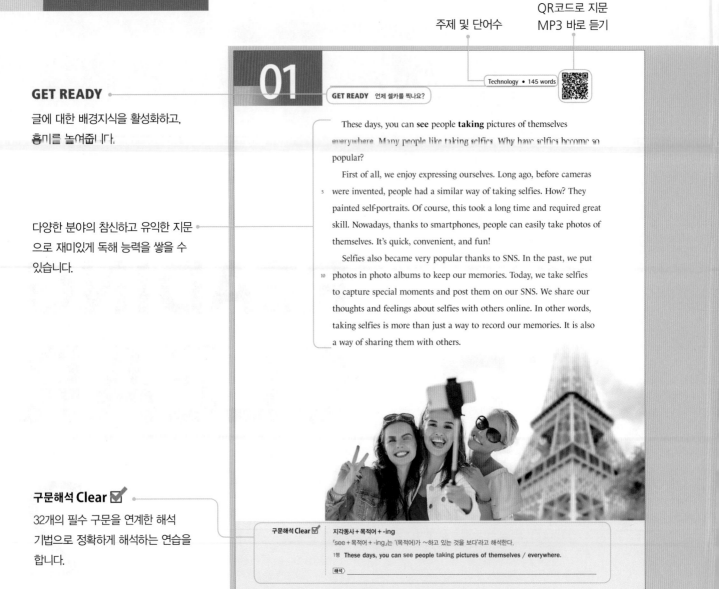

01

Technology • 145 words

GET READY 언제 셀카를 찍나요?

These days, you can **see** people **taking** pictures of themselves everywhere. Many people like taking selfies. Why have selfies become so popular?

First of all, we enjoy expressing ourselves. Long ago, before cameras were invented, people had a similar way of taking selfies. How? They painted self-portraits. Of course, this took a long time and required great skill. Nowadays, thanks to smartphones, people can easily take photos of themselves. It's quick, convenient, and fun!

Selfies also became very popular thanks to SNS. In the past, we put photos in photo albums to keep our memories. Today, we take selfies to capture special moments and post them on our SNS. We share our thoughts and feelings about selfies with others online. In other words, taking selfies is more than just a way to record our memories. It is also a way of sharing them with others.

구문해석 Clear 지각동사 + 목적어 + -ing

「see + 목적어 + -ing」는 '(목적어)가 ~하고 있는 것을 보다'라고 해석한다.

1행 These days, you can see people taking pictures of themselves / everywhere.

해석 ______________________________

8 READING CLEAR

REVIEW TEST

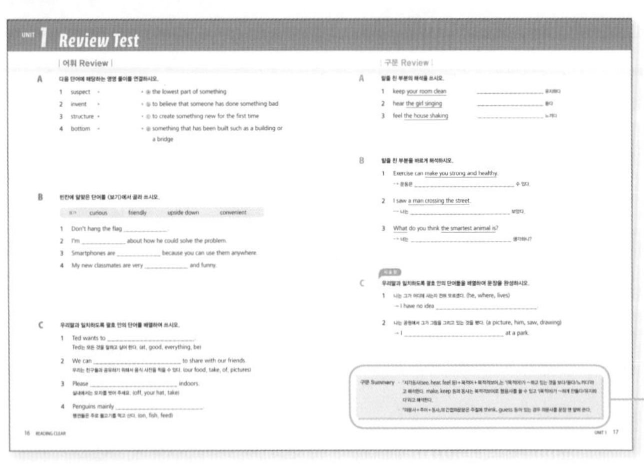

UNIT 1 Review Test

어휘 Review

구문 Review

어휘 Review

UNIT별 주요 어휘의 의미를 확인하며 어휘 능력을 향상시킵니다.

구문 Review

UNIT별 주요 구문을 구 단위, 문장 단위로 연습하면서 구문 적용 능력을 키웁니다.

구문 Summary

앞에서 배운 구문을 다시 한번 정리합니다.

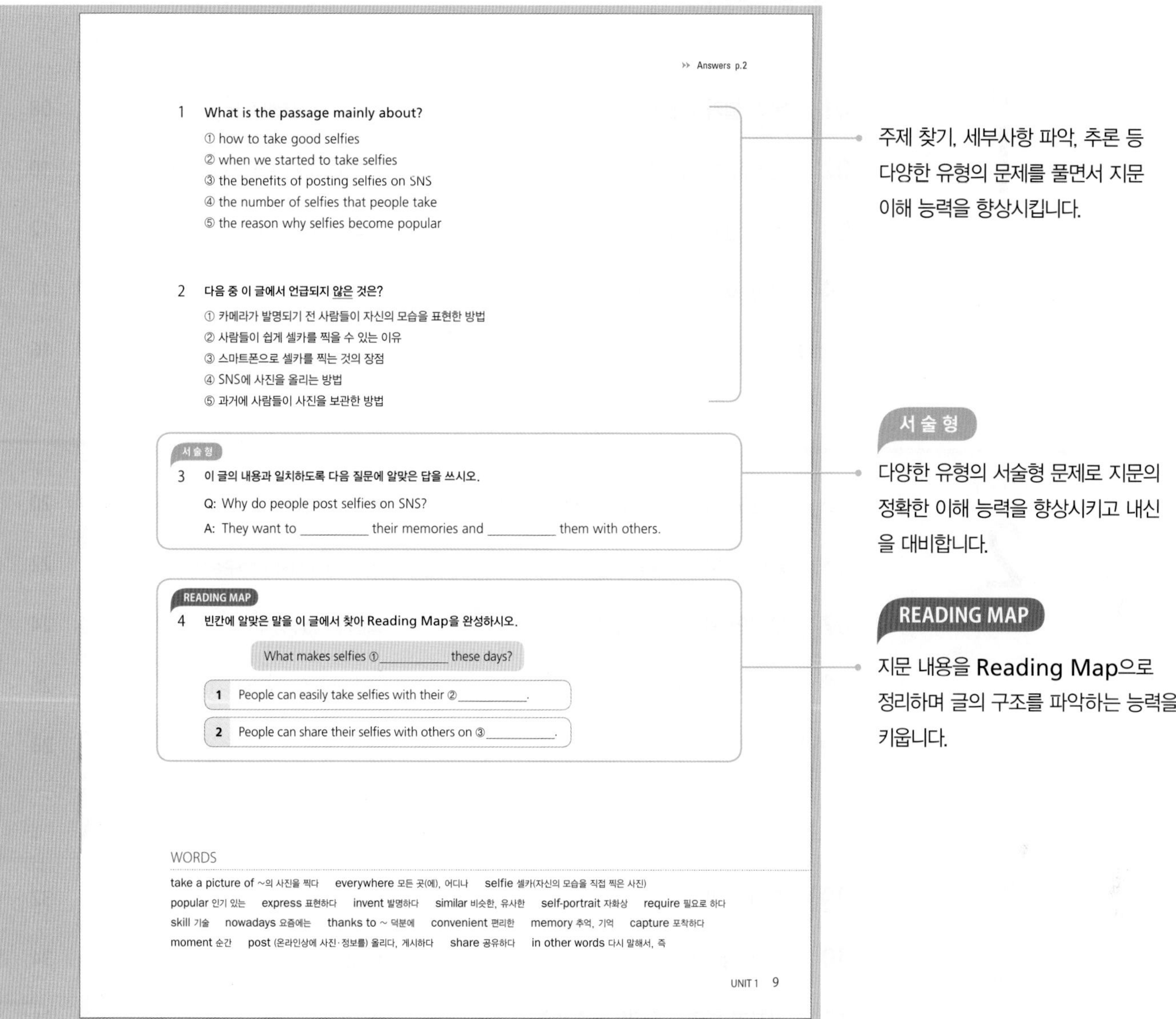

>> Answers p.2

1 What is the passage mainly about?
① how to take good selfies
② when we started to take selfies
③ the benefits of posting selfies on SNS
④ the number of selfies that people take
⑤ the reason why selfies become popular

2 다음 중 이 글에서 언급되지 않은 것은?
① 카메라가 발명되기 전 사람들이 자신의 모습을 표현한 방법
② 사람들이 쉽게 셀카를 찍을 수 있는 이유
③ 스마트폰으로 셀카를 찍는 것의 장점
④ SNS에 사진을 올리는 방법
⑤ 과거에 사람들이 사진을 보관한 방법

서술형
3 이 글의 내용과 일치하도록 다음 질문에 알맞은 답을 쓰시오.
Q: Why do people post selfies on SNS?
A: They want to __________ their memories and __________ them with others.

READING MAP
4 빈칸에 알맞은 말을 이 글에서 찾아 Reading Map을 완성하시오.

What makes selfies ①__________ these days?

1 People can easily take selfies with their ②__________.

2 People can share their selfies with others on ③__________.

WORDS

take a picture of ~의 사진을 찍다 everywhere 모든 곳(에), 어디나 selfie 셀카(자신의 모습을 직접 찍은 사진)
popular 인기 있는 express 표현하다 invent 발명하다 similar 비슷한, 유사한 self-portrait 자화상 require 필요로 하다
skill 기술 nowadays 요즘에는 thanks to ~ 덕분에 convenient 편리한 memory 추억, 기억 capture 포착하다
moment 순간 post (온라인상에 사진·정보를) 올리다, 게시하다 share 공유하다 in other words 다시 말해서, 즉

UNIT 1 9

주제 찾기, 세부사항 파악, 추론 등 다양한 유형의 문제를 풀면서 지문 이해 능력을 향상시킵니다.

서술형

다양한 유형의 서술형 문제로 지문의 정확한 이해 능력을 향상시키고 내신을 대비합니다.

READING MAP

지문 내용을 Reading Map으로 정리하며 글의 구조를 파악하는 능력을 키웁니다.

WORKBOOK

01 우리 셀카 찍을래?

Words & Expressions

지문에 사용된 어휘를 익히고 다양한 쓰임을 연습합니다.

Translations

지문에서 선별한 주요 문장들을 학습한 구문을 적용하여 해석해 봄으로써 정확한 해석을 위한 토대를 다집니다.

Contents

UNIT 1

Technology

01 우리 셀카 찍을래?

시각동사 + 목적어 + -ing

GUESS & CHECK

take a picture	☐ 사진을 찍다	☐ 그림을 그리다
express	☐ 표현하다	☐ 강조하다
invent	☐ 발명하다	☐ 제작하다
popular	☐ 궁금한	☐ 인기 있는
share	☐ 공유하다	☐ 간직하다

Architecture

02 만리장성의 숨겨진 비밀

keep/make + 목적어 + 형용사

GUESS & CHECK

secret	☐ 비밀	☐ 기술
brick	☐ 모래	☐ 벽돌
add	☐ 더하다	☐ 빼다
sticky	☐ 건조한	☐ 끈적끈적한
mix	☐ 섞다	☐ 분리하다

Detective Story

03 누가 범인일까?

간접의문문 ①

GUESS & CHECK

solve	▢ 해결하다	▢ 추측하다
thief	▢ 도둑	▢ 형사
crew	▢ 선원	▢ 선장
upside down	▢ 반듯이	▢ 거꾸로
hang	▢ 매달다	▢ 내리다

Animal

04 하마, 어디까지 아니?

간접의문문 ②

GUESS & CHECK

weigh	▢ 무게가 ~이다	▢ 키가 ~이다
shallow	▢ 얕은	▢ 깊은
bottom	▢ 천장	▢ 바닥
aggressive	▢ 공격적인	▢ 우호적인
attack	▢ 공존하다	▢ 공격하다

01

Technology • 145 words

GET READY 언제 셀카를 찍나요?

These days, you can **see** people **taking** pictures of themselves everywhere. Many people like taking selfies. Why have selfies become so popular?

First of all, we enjoy expressing ourselves. Long ago, before cameras were invented, people had a similar way of taking selfies. How? They painted self-portraits. Of course, this took a long time and required great skill. Nowadays, thanks to smartphones, people can easily take photos of themselves. It's quick, convenient, and fun!

Selfies also became very popular thanks to SNS. In the past, we put photos in photo albums to keep our memories. Today, we take selfies to capture special moments and post them on our SNS. We share our thoughts and feelings about selfies with others online. In other words, taking selfies is more than just a way to record our memories. It is also a way of sharing them with others.

구문해석 Clear

지각동사 + 목적어 + -ing

「see + 목적어 + -ing」는 '(목적어)가 ~하고 있는 것을 보다'라고 해석한다.

1행 **These days, you can see people taking pictures of themselves / everywhere.**

해석 ______________________________

≫ Answers p.2

1 **What is the passage mainly about?**

① how to take good selfies
② when we started to take selfies
③ the benefits of posting selfies on SNS
④ the number of selfies that people take
⑤ the reason why selfies become popular

2 **다음 중 이 글에서 언급되지 않은 것은?**

① 카메라가 발명되기 전 사람들이 자신의 모습을 표현한 방법
② 사람들이 쉽게 셀카를 찍을 수 있는 이유
③ 스마트폰으로 셀카를 찍는 것의 장점
④ SNS에 사진을 올리는 방법
⑤ 과거에 사람들이 사진을 보관한 방법

서술형

3 **이 글의 내용과 일치하도록 다음 질문에 알맞은 답을 쓰시오.**

Q: Why do people post selfies on SNS?

A: They want to __________ their memories and __________ them with others.

READING MAP

4 **빈칸에 알맞은 말을 이 글에서 찾아 Reading Map을 완성하시오.**

What makes selfies ① __________ these days?

1	People can easily take selfies with their ② __________.
2	People can share their selfies with others on ③ __________.

WORDS

take a picture of ~의 사진을 찍다 everywhere 모든 곳(에), 어디나 selfie 셀카(자신의 모습을 직접 찍은 사진) popular 인기 있는 express 표현하다 invent 발명하다 similar 비슷한, 유사한 self-portrait 자화상 require 필요로 하다 skill 기술 nowadays 요즘에는 thanks to ~ 덕분에 convenient 편리한 memory 추억, 기억 capture 포착하다 moment 순간 post (온라인상에 사진·정보를) 올리다, 게시하다 share 공유하다 in other words 다시 말해서, 즉

02

Architecture • 149 words

GET READY 만리장성은 어떻게 오랜 세월 동안 무너지지 않았을까요?

The Great Wall of China is the longest structure in the world. It has survived strong earthquakes and other disasters for thousands of years. (A) It cost a lot of money to build the Great Wall of China. Are you curious about the secret that **keeps** the Great Wall of China so **strong**?

(B) Recently, researchers found the secret. To hold bricks together, construction workers use *mortar, but the ancient Chinese added something to it. It was sticky rice! (C) They boiled rice until it became sticky, and then mixed it with the mortar. When this sticky rice mortar dried, it was much stronger than regular mortar. (D) Using it between the bricks **made** the Great Wall of China **strong and durable**. (E) But, sticky rice was an important food in China. Therefore, sticky rice mortar was only used for special structures, such as palaces and temples. Thanks to the wisdom of the ancient Chinese, the Great Wall of China is still standing after all these years.

*mortar 회반죽(시멘트에 모래를 섞고 물로 갠 것으로, 주로 벽돌이나 석재 따위를 쌓는 데 쓰임)

구문해석 Clear ☑ **keep/make + 목적어 + 형용사**

「keep/make + 목적어 + 형용사」는 '(목적어)가 (형용사)하게 유지하다/만들다'라고 해석한다.

9행 **Using it between the bricks / made the Great Wall of China strong and durable.**

해석 ______________________________

» Answers p.3

1 이 글을 읽고, 답할 수 없는 질문은?

① What is the longest structure in the world?
② What made the Great Wall of China last for such a long time?
③ What did the ancient Chinese add to the regular mortar?
④ How long did it take to build the Great Wall of China?
⑤ What structures could be built with the special mortar?

2 이 글의 내용과 일치하면 T, 일치하지 않으면 F를 쓰시오.

(1) 찹쌀 회반죽은 보통 회반죽보다 훨씬 더 강력하다. ________
(2) 찹쌀 회반죽은 중국에 있는 대부분의 건축물에 사용되었다. ________

3 이 글의 (A)~(E) 중, 전체 흐름과 관계없는 문장은?

① (A) ② (B) ③ (C) ④ (D) ⑤ (E)

READING MAP

4 빈칸에 알맞은 말을 이 글에서 찾아 만리장성에 대한 글을 완성하시오.

The Great Wall of China has ____________ for a long time. The secret of this strength is ____________ ____________. People added it to regular mortar, so this mortar became much ____________. They used it to build the Great Wall of China.

WORDS

structure 구조물 survive 견뎌 내다, 살아남다 earthquake 지진 disaster 재해, 재난 curious 궁금한, 호기심이 많은 secret 비밀 recently 최근에 researcher 연구자 hold 붙잡다 brick 벽돌 construction 건설 ancient 고대의 sticky rice 찹쌀 boil 끓이다 sticky 끈적끈적한 regular 보통의, 일반적인 durable 오래 견디는, 내구성이 있는 palace 궁전 temple 사원 wisdom 지혜

03

GET READY 추리 소설이나 추리 영화를 좋아하나요?

Are you good at solving mysteries? Read this story and try to guess **who the thief is.**

A Japanese ship was on its way out to sea. The captain took his ring off, and put it on a table. Then he left the room. When he returned ten minutes later, the ring was gone. He suspected three crew members, so he asked each of them, "What were you doing ten minutes ago?"

The cook said, "I was in the kitchen. I was preparing tonight's dinner."

The engineer said, "I was in the engine room. I was checking that everything was running smoothly."

The sailor said, "I was on the *mast. I was fixing our national flag because it was upside down."

The captain immediately knew (his ring, who, had). Do you know, too?

The thief was clearly the sailor. Why? Because it was a Japanese ship. The Japanese national flag is white with a single red circle in the middle. It is impossible to hang it upside down.

*mast 돛대

구문해석 Clear

간접의문문 ①

간접의문문은 의문문이 문장의 일부가 된 경우로 「의문사 + 주어 + 동사」의 어순으로 쓴다. 의문사에 따라 '누가/언제/어디서/왜/무엇을 ~하는지'라고 해석한다.

1행 **Read this story / and try to guess / who the thief is.**

해석 ______________________________

>> Answers p.4

1 **What is the best title for the passage?**

① Who Is the Captain?
② Who Stole the Ring?
③ What Is a National Flag?
④ What Did the Cook Prepare?
⑤ Who Is the Owner of the Ring?

2 **밑줄 친 it이 가리키는 것으로 알맞은 것은?**

① red circle
② captain's ring
③ Japanese national flag
④ sailor's ring
⑤ Japanese ship

서술형

3 **다음 우리말을 참고하여 이 글의 괄호 안에 주어진 단어를 순서대로 배열하여 쓰시오.**

선장은 누가 자신의 반지를 가지고 있는지 즉시 알아차렸다.

____

READING MAP

4 **빈칸에 알맞은 말을 이 글에서 찾아 각 사람의 알리바이를 기록한 노트를 완성하시오.**

Who	Where	What
cook	in the ① __________	He was preparing ② __________.
③ __________	in the engine room	He was checking that everything was running well.
sailor	on the mast	He was ④ __________ the national flag.

WORDS

be good at ~을 잘하다 mystery 미스터리, 수수께끼 guess 추측하다 thief 도둑 on one's way ~하는 중에, 도중에 captain 선장 take off 빼다, 벗다 suspect 의심하다 crew 선원 cook 요리사 prepare 준비하다 engineer 기관사, 기술자 engine room 기관실 run (기계 등이) 돌아가다 smoothly 순조롭게 sailor 항해사 fix 고치다, 바로잡다 national flag 국기 upside down 거꾸로 immediately 즉시 single 하나의 impossible 불가능한 hang 매달다

04

Animal • 175 words

GET READY '하마' 하면 어떤 이미지가 떠오르나요?

What do you know about hippos? There are many facts about hippos ___ⓐ___ might surprise you.

Hippos are big animals. Adult hippos are three meters long and weigh three tons! Many people think that hippos are slow, but they are not. Hippos can run at speeds of up to 32 kilometers per hour. This means they can run 100 meters in just 11 seconds.

Hippos spend most of their time in the water, except when they eat. So, you may think that hippos swim well. But, this is not true. Hippos are poor swimmers. They usually relax in shallow waters. When they move in the water, they walk along the bottom.

What do you think **hippos eat?** Many people believe ___ⓑ___ hippos eat meat. This is incorrect, as hippos feed only on plants. They consume between 30 to 50 kilograms of grass daily. Now that you've learned that hippos eat only grass, you might think that they are friendly. This is false, too. In fact, they are very aggressive. When hippos get angry, they even attack humans.

구문해석 Clear

간접의문문 ②

think가 쓰인 의문문의 목적어로 간접의문문이 쓰인 경우 의문사가 앞으로 이동해 「의문사 + do you think + 주어 + 동사 ~?」의 어순이 된다.

11행 **What do you think hippos eat?**

해석 ______________________________

» Answers p.5

1 What is the best title for the passage?

① The Daily Life of Hippos
② How Hippos Swim in the Water
③ The Fastest Animal in the World
④ True and False Ideas about Hippos
⑤ Hippos: Dangerous Animals in the Zoo

2 하마에 대한 설명 중 이 글의 내용과 일치하지 않는 것은?

① 100미터를 11초에 뛸 수 있다.
② 주로 물속에서 먹이를 먹는다.
③ 보통 얕은 물가에서 휴식을 취한다.
④ 하루에 30~50킬로그램의 풀을 먹는다.
⑤ 화가 나면 사람을 공격한다.

서술형

3 빈칸 ⓐ와 ⓑ에 공통으로 들어갈 한 단어를 쓰시오.

____

READING MAP

4 이 글의 내용을 바탕으로 하마에 대한 오해와 사실에 대한 Reading Map을 완성하시오.

	하마에 대한 오해		사실
1	크기가 커서 ① __________ 것이다.	➡	시속 32킬로미터까지 ② __________ 수 있다.
2	물속에서 생활해서 ③ __________ 을 잘할 것이다.	➡	물속에서 바닥을 따라 ④ __________ 움직인다.
3	⑤ __________ 을 먹어서 우호적일 것이다.	➡	매우 ⑥ __________ 이다.

WORDS

adult 다 자란 weigh 무게가 ~이다 at speeds of ~의 속도로 per ~당, ~마다 except ~을 제외하고 true 사실인 relax 휴식을 취하다 shallow 얕은 along ~을 따라 bottom 바닥 incorrect 사실이 아닌 feed on ~을 먹고 살다 plant 식물 consume 먹다 grass 풀 daily 매일, 날마다; 매일의 now that ~이므로 friendly 우호적인 false 틀린 aggressive 공격적인 attack 공격하다

UNIT 1 Review Test

| 어휘 Review |

A **다음 단어에 해당하는 영영 풀이를 연결하시오.**

1 suspect •
2 invent •
3 structure •
4 bottom •

• ⓐ the lowest part of something
• ⓑ to believe that someone has done something bad
• ⓒ to create something new for the first time
• ⓓ something that has been built such as a building or a bridge

B **빈칸에 알맞은 단어를 〈보기〉에서 골라 쓰시오.**

보기	curious	friendly	upside down	convenient

1 Don't hang the flag ______________.

2 I'm ______________ about how he could solve the problem.

3 Smartphones are ______________ because you can use them anywhere.

4 My new classmates are very ______________ and funny.

C **우리말과 일치하도록 괄호 안의 단어를 배열하여 쓰시오.**

1 Ted wants to ____________________________.
Ted는 모든 것을 잘하고 싶어 한다. (at, good, everything, be)

2 We can ____________________________ to share with our friends.
우리는 친구들과 공유하기 위해서 음식 사진을 찍을 수 있다. (our food, take, of, pictures)

3 Please ____________________________ indoors.
실내에서는 모자를 벗어 주세요. (off, your hat, take)

4 Penguins mainly ____________________________.
펭귄들은 주로 물고기를 먹고 산다. (on, fish, feed)

구문 Review

A **밑줄 친 부분의 해석을 쓰시오.**

1 keep your room clean ______________ 유지하다

2 hear the girl singing ______________ 듣다

3 feel the house shaking ______________ 느끼다

B **밑줄 친 부분을 바르게 해석하시오.**

1 Exercise can make you strong and healthy.

→ 운동은 ______________ 수 있다.

2 I saw a man crossing the street.

→ 나는 ______________ 보았다.

3 What do you think the smartest animal is?

→ 너는 ______________ 생각하니?

서술형

C **우리말과 일치하도록 괄호 안의 단어들을 배열하여 문장을 완성하시오.**

1 나는 그가 어디에 사는지 전혀 모르겠다. (he, where, lives)

→ I have no idea ______________.

2 나는 공원에서 그가 그림을 그리고 있는 것을 봤다. (a picture, him, saw, drawing)

→ I ______________ at a park.

구문 Summary

- 「지각동사(see, hear, feel 등)+목적어+목적격보어」는 '(목적어)가 ~하고 있는 것을 보다/듣다/느끼다'라고 해석한다. make, keep 등의 동사는 목적격보어로 형용사를 쓸 수 있고 '(목적어)가 ~하게 만들다/유지하다'라고 해석한다.
- 「의문사+주어+동사」의 간접의문문은 주절에 think, guess 등이 있는 경우 의문사를 문장 맨 앞에 쓴다.

UNIT 2

Health

05 마음도 충전이 가능한가요?

It ~ to부정사

GUESS & CHECK

recharge	▢ 충전하다	▢ 방전되다
meditation	▢ 명상	▢ 공상
peaceful	▢ 안정적인	▢ 평화로운
regular	▢ 규칙적인	▢ 자유로운
improve	▢ 향상시키다	▢ 악화시키다

History

06 요리사 모자의 비밀

It ~ for + 명사 + to부정사

GUESS & CHECK

chef	▢ 요리사	▢ 종업원
purpose	▢ 목적	▢ 결과
fold	▢ 주름	▢ 주머니
experience	▢ 능력	▢ 경험
height	▢ 넓이	▢ 높이

Science

07 우유의 변신은 무죄!

의문사 + to부정사

GUESS & CHECK

vinegar	☐ 식초	☐ 기름
pour	☐ 붓다	☐ 거르다
stir	☐ 끓다	☐ 젓다
remove	☐ 제거하다	☐ 첨가하다
freezer	☐ 냉장고	☐ 냉동고

Sport

08 e스포츠가 올림픽에?

enough to ~ / too ~ to …

GUESS & CHECK

real	☐ 가상의	☐ 실제의
athlete	☐ 운동선수	☐ 관중
train	☐ 훈련하다	☐ 싸우다
attract	☐ 공격하다	☐ 끌어들이다
disappear	☐ 사라지다	☐ 나타나다

05

Health • 172 words

GET READY 명상을 해 본 적이 있나요?

When your cellphone is low on energy, you recharge it. But do you know that you can do the same thing with your mind? Stress, worry, and depression can make your mind tired and confused. When this happens, you can recharge it through meditation. So how can you start it?

First, find a place to meditate. It can be anywhere quiet and peaceful. Sit or lie down in a comfortable position and close your eyes. Then take deep breaths, listen to the sound of your breathing, and focus on it. That's all. However, **it** is important **to meditate** at a regular time, such as just before going to bed or just after waking up. Five minutes of meditation a day is enough for beginners.

Meditation can offer a number of benefits. It can help you improve your memory. You can feel relaxed and stay positive. It can also improve your ability to concentrate. This means that you'll do better in school. So why don't you start recharging your mind with meditation today?

It ~ to부정사

가주어 it은 '그것'으로 해석하지 않고, 뒤에 있는 to부정사를 주어로 해석한다.

9행 **However, it is important to meditate at a regular time.**

해석 ______________________

» Answers p.7

1 이 글의 주제로 가장 알맞은 것은?

① 명상의 장점과 단점
② 명상을 하는 방법과 그 효과
③ 건강을 위한 호흡법
④ 명상하는 시간과 효과의 관계
⑤ 마음을 재충전하는 다양한 방법

2 이 글에서 명상의 장점으로 언급되지 <u>않은</u> 것은?

① 기억력 향상
② 긴장 완화
③ 긍정적 태도 유지
④ 집중력 향상
⑤ 운동 능력 강화

서술형

3 다음 질문에 대한 답을 이 글에서 찾아 쓰시오.

Q: What can you do when you're stressed, worried, and depressed?

A: You can ________________ your mind with ________________.

READING MAP

4 빈칸에 알맞은 말을 이 글에서 찾아 명상 안내문을 완성하시오.

Meditation Guide

- **Where?** A quiet and ① __________ place
- **When?** Anytime, but at a ② __________ time every day
- **How?** 1. Sit or lie down comfortably and ③ __________ your eyes.
  2. Take deep breaths, listen to the ④ __________ of your breathing, and focus on it.
- **How long?** ⑤ __________ minutes a day

WORDS

recharge 충전하다 mind 마음 depression 우울함 confused 혼란스러운 meditation 명상 meditate 명상하다 peaceful 평화로운 lie down 눕다 comfortable 편안한 position 자세 take a deep breath 심호흡하다 breathing 호흡 focus on 집중하다 regular 규칙적인 such as ~와 같은 beginner 초보자 offer 제공하다 a number of 많은 benefit 혜택, 이득 improve 향상시키다 memory 기억력 relaxed 긴장을 푼, 느긋한 positive 긍정적인 concentrate 집중하다

06

History • 177 words

GET READY '요리사'를 생각하면 무엇이 떠오르나요?

Who usually wears a tall white hat? That's right! A chef does! A chef's hat has practical purposes. A chef's hat keeps the hair neat and tidy. It also prevents hair from falling into food. This hat can also tell us more about a chef.

There are many folds in a chef's hat. Long ago, the folds showed how many egg dishes a chef could cook. For example, a hat with 100 folds showed that the chef could cook eggs in 100 different ways. Today, the folds don't have the same meaning, but more folds mean a chef with more experience.

The height of a chef's hat was related to the rank in the kitchen. In the 1800s, the more important chef wore taller hats. **It** was common **for** the head chef **to wear** the tallest hat in the kitchen! This way, it was very easy ______________ in the busy kitchen.

Nowadays, chefs wear many different kinds of hats. But this tall white hat is still the symbol of professional cooks.

구문해석 Clear

It ~ for + 명사 + to부정사

to부정사 앞에 쓰인 「for + 명사」는 to부정사의 의미상의 주어로, '(명사)가 (to부정사)하다'라고 해석한다.

11행 **It was common / for the head chef to wear the tallest hat / in the kitchen!**

해석 ______________________________

» Answers p.8

1 이 글을 읽고, 답할 수 없는 질문은?

① What does the chef's hat look like?
② Why do chefs wear a tall white hat?
③ What did the folds in the chef's hat mean in the past?
④ Who could wear the tallest hat in the kitchen?
⑤ Why did chefs start wearing different kinds of hats?

2 이 글의 빈칸에 들어갈 말로 알맞은 것은?

① for anyone to see many hats
② for the head chef to cook well
③ for anyone to find the head chef
④ for chefs to wear a tall white hat
⑤ for chefs to cook many egg dishes

서술형

3 이 글의 밑줄 친 practical purposes에 해당하는 두 가지를 우리말로 쓰시오.

____

READING MAP

4 빈칸에 알맞은 말을 이 글에서 찾아 Reading Map을 완성하시오.

Chef's hat		
	① ________	the number of ② ________ dishes that a chef could cook
	height	chef's ③ ________ in the kitchen

WORDS

chef 요리사 practical 실용적인 purpose 목적 neat 정돈된, 단정한 tidy 깔끔한 prevent *A* from -ing A가 ~하는 것을 막다 fall into ~에 빠지다 fold 주름 dish 요리 meaning 의미 experience 경험 height 높이 be related to ~와 관련이 있다 rank 지위 common 일반적인, 보통의 head chef 주방장 still 여전히, 아직도 symbol 상징 professional 전문적인

07

Science • 179 words

GET READY 우유로 무엇을 만들 수 있을까요?

Cheese, butter, and yogurt are made from milk. But did you know that plastic can be made from milk, too? It is called "plastic milk." This is **how to make** it. Just follow these simple steps, and you can make toys, accessories, and anything else you want out of milk.

*** You need ***

1 cup of milk, 4 tablespoons of vinegar, saucepan, strainer, paper towel, some molds

*** What to do ***

1. Pour the milk into the saucepan and slowly heat it on the stove.
2. When the milk is almost boiling, add the vinegar. Then, stir the milk until it begins to gel.
3. Remove the saucepan from the stove.
4. When the milk cools down, pour it through the strainer. Some soft and rubbery stuff will get caught in the strainer. These are plastic *curds.
5. Place the curds on paper towel and remove as much water as possible.
6. Put the curds into the molds and place molds in the freezer.
7. Once the curds get hard and dry, take them out of the molds and decorate them.

* curd (물렁한 상태의) 우유가 응고된 것

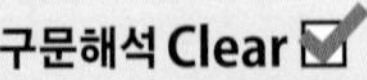

구문해석 Clear

의문사 + to부정사

「의문사 + to부정사」는 문장에서 명사 역할을 한다. 「how to + 동사원형」은 '어떻게 ~할지, ~하는 방법'이라고 해석하고, 「what to + 동사원형」은 '무엇을 ~할지'라고 해석한다.

2행 **This is how to make it.**

해석 ______________________________

≫ Answers p.9

1 이 글의 주제로 가장 알맞은 것은?

① 우유로 만들 수 있는 것　② 우유의 성분을 추출하는 방법　③ 우유로 플라스틱을 만드는 방법
④ 우유를 사용한 조리법　⑤ 우유로 요리할 때 주의해야 할 점

2 이 글의 내용과 일치하면 T, 일치하지 않으면 F를 쓰시오.

(1) 우유 플라스틱을 만드는 방법은 어려워서 다양한 것을 만들 수 없다. ________

(2) 우유에 식초를 넣어 만든 우유 응고물의 물기는 최대한 없애야 한다. ________

서술형

3 빈칸에 들어갈 알맞은 말을 이 글에서 찾아 쓰시오.

- The ____________ is used to make the milk gel.
- A paper towel is used to remove ____________ in the curds.

READING MAP

4 그림을 보고 빈칸에 알맞은 말을 〈보기〉에서 고른 후, 우유 플라스틱을 만드는 순서대로 번호를 쓰시오.

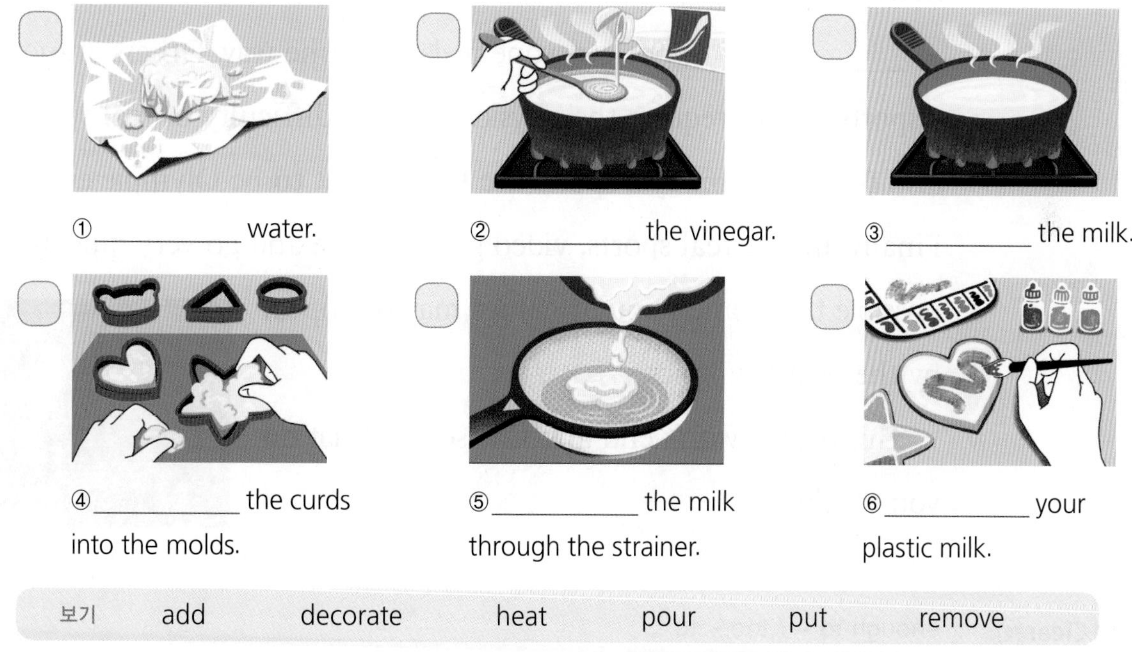

① ____________ water.

② ____________ the vinegar.

③ ____________ the milk.

④ ____________ the curds into the molds.

⑤ ____________ the milk through the strainer.

⑥ ____________ your plastic milk.

보기 add　decorate　heat　pour　put　remove

WORDS

follow 따르다　step 단계　accessory 장신구　vinegar 식초　saucepan 냄비　strainer 체　paper towel 종이 타월
mold 모양 틀　pour 붓다　heat 데우다　stove 가스레인지　boil 끓다　stir 젓다　gel 젤 상태가 되다　remove 제거하다
cool down 식다　rubbery 고무 같은　stuff 물질　place 두다　as ~ as possible 가능한 한 ~　freezer 냉동고
once 일단 ~하면　decorate 장식하다

08

Sport • 164 words

GET READY 온라인 게임이 올림픽 종목이 되는 것에 찬성하나요?

Do you know e-sports? E-sports are video games that people play against each other online. They are very popular these days. Some people even want to see e-sports as an Olympic event. Why do they think so?

First, e-sports have something in common with real sports. Professional gamers, like athletes, train hard and need high levels of concentration. Also, they develop strategies to win games, as in real sports competitions. In addition, e-sports are popular **enough to** attract a younger audience to the Olympics. This would help the Olympics gain more fans.

______________, not everyone feels the same way. Others argue that e-sports do not require the physical level of difficulty of real sports. They also think that many e-sports are **too** violent **to** be Olympic events. Finally, unlike real sports, video games come and go very quickly. It is possible that some popular games may disappear by the next Olympics.

This debate won't end anytime soon. What do you think?

구문해석 Clear

enough to ~ / too ~ to ...

「형용사 + enough to + 동사원형」은 '~할 만큼 충분히 …한'이라고 해석하고, 「too + 형용사/부사 + to + 동사원형」은 '너무 ~해서 …할 수 없는'이라고 해석한다.

11행 **In addition, e-sports are popular / enough to attract a younger audience to the Olympics.**

해석 ______________________________

15행 **They also think / that many e-sports are too violent to be Olympic events.**

해석 ______________________________

»» Answers p.10

1 이 글의 제목으로 가장 알맞은 것은?

① What Are E-sports?
② Why Are E-sports Very Popular?
③ How Can the Olympics Gain More Fans?
④ Could E-sports Become Olympic Events?
⑤ When Can We See E-sports in the Olympics?

2 빈칸에 들어갈 말로 알맞은 것은?

① Moreover ② As a result ③ Therefore
④ For example ⑤ On the other hand

서술형

3 다음 질문에 대한 답을 이 글에서 찾아 쓰시오.

Q: What do professional gamers have in common with athletes?

A: They ______________ hard and need a lot of ______________.

READING MAP

4 이 글의 내용을 바탕으로 Reading Map을 완성하시오.

How about including e-sports in the Olympics?

Pros		Cons
1. E-sports have something in common with ① __________ sports. 2. The Olympics can gain more ② __________.	VS.	1. E-sports don't need many ③ __________ skills. 2. E-sports are too ④ __________.

WORDS

play against ~와 시합하다(겨루다) popular 인기 있는 event 종목, 경기 real 실제의 professional 프로의, 전문가의 athlete 운동선수 train 훈련하다 concentration 집중력 develop 개발하다 strategy 전략 competition 시합, 대회 in addition 게다가 attract 끌어들이다 audience 관중 gain 얻다 argue 주장하다 require 필요로 하다 physical 신체의, 육체의 difficulty 어려움 violent 폭력적인 unlike ~와 달리 disappear 사라지다 debate 토론, 논쟁

UNIT 2 Review Test

| 어휘 Review |

A **다음 영영 풀이에 해당하는 단어를 〈보기〉에서 골라 쓰시오.**

보기 athlete benefit regular practical

1 ______________: useful and suitable for a particular purpose

2 ______________: a person who is good at sports or games

3 ______________: happening at the same time each day

4 ______________: something that does good to a person

B **괄호 안에서 알맞은 말을 고르시오.**

1 (Pour / Pull) milk into the bowl.

2 Meditation can (improve / remove) your ability to concentrate.

3 Ted practices very hard to be a (professional/traditional) golfer.

4 Some animals (appeared / disappeared) from the earth, so we can't see them anymore.

C **우리말과 일치하도록 〈보기〉에서 알맞은 말을 골라 올바른 형태로 바꿔 쓰시오.**

보기 focus on be related to be made from play against

1 레드 와인은 붉거나 검은 포도로 만들어진다.

→ Red wine ______________ ______________ ______________ red or black grapes.

2 너의 호흡에 집중하려고 노력해라.

→ Try to ______________ ______________ your breathing.

3 군인의 제복은 군대에서의 계급과 관련이 있다.

→ The uniform of soldiers ______________ ______________ ______________ the rank in the army.

4 지난 주말에 우리는 런던에서 온 팀과 시합했다.

→ Last weekend, we ______________ ______________ a team from London.

구문 Review

A **밑줄 친 부분의 해석을 쓰시오.**

1 how to make a toy car　　장난감 자동차를 ______________

2 what to say to her　　그녀에게 ______________

3 where to put the bag　　그 가방을 ______________

B **밑줄 친 부분을 바르게 해석하시오.**

1 It's difficult for him to solve this problem.

→ ______________ 어렵다.

2 Soccer is popular enough to attract a lot of fans in Korea.

→ 축구는 한국에서 많은 팬을 ______________.

3 We were too full to eat dessert.

→ 우리는 ______________.

서술형

C **우리말과 일치하도록 괄호 안의 단어들을 배열하여 문장을 완성하시오.**

1 십 대들은 밤에 잘 자는 것이 중요하다. (teens, to, for, sleep)

→ It is important ______________ well at night.

2 어떤 사람들은 그 운동이 너무 폭력적이어서 할 수 없다고 생각한다. (to, play, violent, too)

→ Some people think the sport is ______________.

구문 Summary

- 가주어 it은 해석하지 않고 뒤에 있는 to부정사를 주어로 해석한다. to부정사의 행위의 주체를 나타내는 경우에는 「for + 목적격」의 형태로 to부정사 앞에 쓴다.
- 「의문사 + to부정사」는 의문사에 따라 '(언제/어떻게/어디에/무엇을) ~할지'라고 해석한다. too ~ to ...는 '너무 ~해서 …할 수 없는', enough to ~는 '~할 만큼 충분히 …한'이라고 해석한다.

UNIT 3

Environment

09 전기를 만드는 축구장

조동사 used to

GUESS & CHECK

footstep	☐ 발바닥	☐ 발걸음
gather	☐ 모으다	☐ 분해하다
electricity	☐ 전기	☐ 석유
sunset	☐ 일출	☐ 일몰
generate	☐ 발생시키다	☐ 없애다

Psychology

10 나만 쳐다 봐!

현재완료

GUESS & CHECK

stage	☐ 객석	☐ 무대
audience	☐ 관객	☐ 배우
observe	☐ 주목하다	☐ 관찰하다
notice	☐ 표현하다	☐ 알아차리다
remember	☐ 잊다	☐ 기억하다

Nature

11 갑자기 뚫리는 구멍

수동태

GUESS & CHECK

swallow	☐ 형성하다	☐ 집어삼키다
natural	☐ 자연의	☐ 인위적인
underground	☐ 지하의	☐ 지상의
construction	☐ 파괴	☐ 건설
warning	☐ 경고	☐ 예방

Culture

12 특별한 교통수단

조동사가 있는 수동태

GUESS & CHECK

transportation	☐ 도로	☐ 교통수단
motorcycle	☐ 오토바이	☐ 자전거
unusual	☐ 평범한	☐ 특이한
carry	☐ 움직이다	☐ 나르다
passenger	☐ 승객	☐ 화물

09

Environment • 172 words

GET READY 걷는 것만으로도 전기를 만들 수 있을까요?

Did you know that you can create energy with your body? When you walk, the movement makes energy. Most people take more than 200 million steps in their lifetime — that's a lot of potential energy! Scientists have found a way to gather this energy and change it into valuable electricity. Here is a good example of using this technology in Brazil.

Some children in Brazil loved playing soccer on their local fields. However, because of power shortages, they **used to** give up playing after sunset. To solve this problem, a company built a special soccer field. The field has special tiles under its grass. These tiles change energy from the players' footsteps into electricity. Each footstep generates about five watts of electrical power. That's enough to light an LED lamp for 30 seconds. When the children play soccer during the day, the energy is gathered and stored. Then, at night, it is used to light the field! Thanks to this new technology, the kids have a place to play soccer after dark.

구문해석 Clear

조동사 used to

조동사 used to는 과거의 습관이나 상태를 나타내어 '(과거에) ~하곤 했다'라고 해석한다.

8행 **However, because of power shortages, / they used to give up playing after sunset.**

해석 ______________________________

» Answers p.13

1 What is the best title for the passage?

① Various Kinds of Energy
② Ordinary Local Fields in Brazil
③ A Special Field Making Electricity
④ The Number of Footsteps in Our Lifetime
⑤ Excellent Soccer Skills of Children in Brazil

2 이 글의 내용과 일치하면 T, 일치하지 않으면 F를 쓰시오.

(1) 사람들이 걸을 때 발생하는 에너지를 전기로 바꿀 수 있다. ________

(2) 축구 선수 한 명이 경기 내내 만들 수 있는 전기는 약 5와트이다. ________

서술형

3 다음 질문에 대한 답을 이 글에서 찾아 쓰시오.

Q: Why did a company build a special soccer field in Brazil?

A: Some children couldn't ____________ ____________ after dark because of ____________ ____________.

READING MAP

4 빈칸에 알맞은 말을 이 글에서 찾아 쓰시오.

A Special Soccer Field in Brazil

During the day

Children play soccer and the ① ____________ on the ground gather energy from their ② ____________.

→

At night

The stored energy changes into ③ ____________ and it can ④ ____________ the field.

WORDS

create 만들어 내다 movement 움직임 step 걸음 lifetime 일생, 평생 potential 잠재적인 gather 모으다
valuable 귀중한, 유용한 electricity 전기 technology 기술 local 지역의 field 경기장 power 전력, 에너지
shortage 부족 give up 포기하다 sunset 일몰 generate 발생시키다, 만들어 내다 watt 와트(전력의 단위) electrical 전기의
light 불을 켜다, (빛을) 비추다 store 저장하다 thanks to ~ 덕분에

10

GET READY 다른 사람들의 시선을 신경 쓰는 편인가요?

"I didn't wash my hair, and I'm worried that people might notice."

"What if people notice this stain on my shirt?"

Have you ever **worried** about some things like these? You probably think that everybody is watching you, just like a performer on stage.

On stage, the spotlight follows the performer's every move, so the audience can observe his or her actions and facial expressions closely. Many people believe that they are being noticed by others more than they actually are. They feel as though they are "in the spotlight" all the time. This is called the "Spotlight Effect."

But, do people really pay that much attention to others? In an experiment, a student wearing a T-shirt with the face of a famous singer sat in a classroom for a few minutes. There were six other college students in the classroom. The student guessed that at least four would remember what he was wearing, but only one of them remembered his T-shirt!

The next time you feel worried that everybody is looking at you, remember that you are the one who is the most focused on yourself.

구문해석 Clear

현재완료

「have + p.p.」가 ever, never, twice 등의 부사와 함께 쓰인 경우, 과거부터 현재까지의 경험을 나타내어 '~해 본 적이 있다'라고 해석한다.

6행 **Have you ever worried / about some things like these?**

해석 ____________________

» Answers p.14

1 **이 글의 요지로 가장 알맞은 것은?**

① 대부분의 사람들은 타인의 주목을 받는 것을 좋아한다.
② 자기중심적으로 생각하고 행동하는 것은 인간의 본성이다.
③ 타인의 주목을 받으려고 노력하는 사람들은 대개 자존감이 낮다.
④ 타인은 우리가 생각하는 만큼 우리에게 신경을 쓰지 않는다.
⑤ 타인의 주목을 받으면 더 좋은 성과가 나올 수 있다.

2 **다음 중 '조명 효과'의 예로 볼 수 없는 사람은?**

① 철수: 다른 사람들이 내 빨간 양말을 보고 놀릴 것 같아.
② 영희: 머리를 감지 않아서 다른 사람들이 내 머리만 보는 것 같아.
③ 수영: 내 옷에 튄 김치국물 자국 때문에 걱정돼.
④ 홍철: 어제 공원에 쓰레기를 버렸는데 아무도 못 봤을 거야.
⑤ 정국: 미끄러운 길에서 넘어질 뻔했는데, 본 사람들이 모두 비웃었을 거야.

서술형

3 **다음 질문에 대한 답을 영어로 쓰시오.**

In an experiment about the Spotlight Effect, how many people remembered the student's T-shirt?

____

READING MAP

4 **빈칸에 알맞은 말을 이 글에서 찾아 Reading Map을 완성하시오.**

Spotlight Effect

You think that people are ① ___________ at you and they will ② ___________ something about you more than they ③ ___________ do.

➡

Fact

People don't pay much ④ ___________ to you. You are the person who is the most ⑤ ___________ on yourself.

WORDS

notice 알아차리다 stain 얼룩 probably 아마도 performer 연기자 stage 무대 spotlight 스포트라이트, 환한 조명
move 움직임 audience 관중 observe 관찰하다 facial 얼굴의 expression 표정, 표현 closely 면밀히
as though 마치 ~인 것처럼 effect 효과 pay attention to ~에 주목하다 experiment 실험 famous 유명한
a few 몇몇의 college 대학 at least 적어도 focus on ~에 집중하다

11

Nature • 178 words

GET READY 싱크홀을 본 적이 있나요?

Many cars are driving on the road. Suddenly a hole starts to open up in the middle of the street. It swallows the cars and everything around it. You are not watching a scary movie. It is a sinkhole!

What causes these deep and big holes? There are two types of sinkholes: natural sinkholes and man-made sinkholes. Natural sinkholes are found in forests and seas. They **are** usually **caused by** the water under the ground. First, the water washes away the dirt. This makes more space, so the water can flow faster. Eventually, it starts to wash away rocks, too. Soon, there is nothing to support the ground above the water. It collapses, and a hole forms.

The sinkholes found in cities **are created by** human activities. The most common cause is construction. A lot of underground activities like drilling can result in small to large sinkholes. Sometimes, a broken water pipe can cause a sudden increase in the groundwater, and it can form a sinkhole.

Sinkholes often appear without any warning, so they can be very dangerous.

구문해석 Clear

수동태

수동태는 「be동사+p.p.+by+행위자」의 형태로, 주어가 어떠한 일을 당했음을 나타내어 '~에 의해서 …해지다(되다)'로 해석한다. 행위자가 특정하지 않은 경우에는 「by+행위자」를 생략하기도 한다.

11행 **The sinkholes found in cities / are created / by human activities.**

해석 ______________________________

» Answers p.15

1 What is the best title for the passage?

① How Sinkholes Are Formed
② Where We Can Find Sinkholes
③ Why Sinkholes Are Dangerous
④ How We Can Prevent Sinkholes
⑤ Who Is Responsible for Sinkholes

2 싱크홀에 대한 설명 중 이 글의 내용과 일치하지 않는 것은?

① 크고 깊은 구멍이다.
② 바다에서 발견될 수 있다.
③ 모두 인간의 활동 때문에 발생한다.
④ 배수관의 파손으로 만들어지기도 한다.
⑤ 아무 경고 없이 생길 수 있어서 위험하다.

서술형

3 빈칸에 알맞은 말을 〈보기〉에서 골라 올바른 형태로 바꿔 쓰시오.

Dirt and rocks are ______________ away by groundwater. Nothing supports the ______________. It ______________ down and a big ______________ is created.

보기 fall wash ground hole

READING MAP

4 싱크홀에 대한 Reading Map의 빈칸에 알맞은 말을 이 글에서 찾아 쓰시오.

Natural Sinkhole		Man-made Sinkhole
• found in ① __________ and seas • caused by the ② __________ under the ground	VS.	• found in ③ __________ • caused by ④ __________ __________

WORDS

suddenly 갑자기 hole 구멍 swallow 집어삼키다 scary 무서운 sinkhole 싱크홀 natural 자연의 man-made 사람이 만든 forest 숲 cause 발생시키다, 야기하다 ground 땅 wash away 쓸어가다 dirt 흙 space 공간 eventually 결국 support 지지하다 above ~ 위에 collapse 무너지다 form 형성하다 construction 건설, 공사 underground 지하의 drill 구멍을 뚫다 result in ~을 야기하다 groundwater 지하수 appear 나타나다 warning 경고

12

Culture • 176 words

GET READY 주로 이용하는 교통수단은 무엇인가요?

Cars, trains, buses, and planes are common types of transportation. However, many other types of transportation **can be found** around the world. In some countries, people often travel ____ⓐ____ motorcycle. The habal-habal and coco taxis are both special kinds of motorcycles.

The habal-habal is an unusual type of motorcycle which is found in the Philippines. It can carry many people and their luggage. How is this possible? A habal-habal is made ____ⓑ____ adding wooden boards to motorcycles. People sit on these boards, so a habal-habal can carry more than ten people and their bags at the same time. People often use these motorcycles when they travel on rough and narrow roads.

In Cuba, motorcycles are used as taxis. They are called "coco taxis" because they look like coconuts. There are two types of coco taxis. The yellow taxis are for tourists, and the black ones are for locals. They can carry two to three passengers in seats behind the driver. Coco taxis are faster and cheaper than other taxis. However, they can be a little noisy.

구문해석 Clear

조동사가 있는 수동태

조동사가 있는 문장의 수동태는 「조동사+be+p.p.」의 형태로 쓴다. can이 쓰인 경우 '~될 수 있다'로 해석한다.

2행 **However, many other types of transportation can be found / around the world.**

해석 ______________________________

» Answers p.16

1 What is the passage mainly about?

① special taxis for tourists
② the safety of motorcycles
③ the good and bad points of motorcycles
④ many kinds of transportation in the Philippines
⑤ various types of motorcycles in different countries

2 빈칸 ⓐ와 ⓑ에 공통으로 들어갈 말로 알맞은 것은?

① as ② by ③ to ④ for ⑤ with

서술형

3 다음 질문에 대한 답을 이 글에서 찾아 영어로 쓰시오.

Why do Cuban people call motorcycle taxis "coco taxis"?

____

READING MAP

4 이 글에서 알맞은 말을 골라 다음 표를 완성하시오.

	habal-habal	coco taxis
Country	① __________	Cuba
Characteristics	• It can carry many ② __________ and their luggage. • It is useful on rough and ③ __________ roads.	• The yellow coco taxis are for ④ __________, and the black ones are for locals. • They are ⑤ __________ and ⑥ __________ than other taxis.

WORDS

type 형태, 종류 transportation 교통수단 travel 이동하다, 여행하다 motorcycle 오토바이 unusual 특이한
carry 나르다, 옮기다 luggage 짐, 화물 wooden 나무로 만든 board 판자 at the same time 동시에 rough 거친, 울퉁불퉁한
narrow 좁은 look like ~처럼 보인다 coconut 코코넛 tourist 관광객 local 지역 주민 passenger 승객 seat 좌석
behind ~ 뒤에 cheap (값이) 싼 a little 조금 noisy 시끄러운

UNIT 3 Review Test

| 어휘 Review |

A 다음 단어에 해당하는 영영 풀이를 연결하시오.

1	stain •	• ⓐ to take from one place to another
2	gather •	• ⓑ a mark that is difficult to remove
3	carry •	• ⓒ to put things together in one place
4	unusual •	• ⓓ not normal or usual

B 빈칸에 알맞은 단어를 〈보기〉에서 골라 쓰시오.

보기	observe	potential	warning	transportation

1 Your usual movement has a lot of ______________ energy.

2 If you ______________ his behavior, you'll notice a strange thing.

3 We need more public ______________ in our town.

4 The bridge suddenly collapsed without ______________.

C 우리말과 일치하도록 〈보기〉에서 알맞은 말을 골라 올바른 형태로 바꿔 쓰시오.

보기	result in	be used to	look like	pay attention to

1 그 에너지는 음식을 조리하는 데 사용된다.

→ The energy ______________ ______________ ______________ cook food.

2 제 말에 주목해 주세요.

→ Please ______________ ______________ ______________ what I am saying.

3 John은 영화배우처럼 보인다.

→ John ______________ ______________ a movie star.

4 그 사고는 두 명의 승객의 죽음을 야기했다.

→ The accident ______________ ______________ the death of two passengers.

구문 Review

A **밑줄 친 부분의 해석을 쓰시오.**

1 I used to study every night. 나는 매일 밤 ______________________.

2 Hangeul was created by King Sejong. 한글은 세종대왕에 의해 ______________________.

3 I have seen him before. 나는 전에 그를 ______________________.

B **밑줄 친 부분을 바르게 해석하시오.**

1 Have you ever eaten Thai food?

→ 너는 태국 음식을 ______________________?

2 This box can be used in many ways.

→ 이 상자는 많은 방법으로 ______________________.

3 I used to play basketball with my father.

→ 나는 아버지와 함께 ______________________.

서술형

C **우리말과 일치하도록 괄호 안의 단어들을 배열하여 문장을 완성하시오.**

1 사람들은 자신들의 투표할 권리를 포기하곤 했다. (give, used, up, to)

→ People ______________________ their rights to vote.

2 그 광물은 세계 곳곳에서 발견될 수 있다. (can, the mineral, found, be)

→ ______________________ around the world.

구문 Summary

- 조동사 used to는 과거의 일을 나타내어 '~하곤 했다'라고 해석한다. 현재완료(have + p.p.)는 과거의 일이 현재까지 영향을 미치는 경우에 쓰고 완료, 경험, 결과, 계속의 의미로 해석한다.
- 수동태(be동사 + p.p.)는 '~ 되다, 당하다'라고 해석한다. 조동사가 함께 쓰이는 경우에는 「조동사 + be + p.p.」의 형태로 쓰고 조동사의 의미를 덧붙여 해석한다.

UNIT 4

13 이름, 마음대로 짓지 마세요!

Culture

접속사 if

GUESS & CHECK

certain	▢ 보편적인	▢ 특정한
ban	▢ 허가하다	▢ 금지하다
make fun of	▢ ~을 놀리다	▢ ~을 만들다
gender	▢ 나이	▢ 성별
explain	▢ 설명하다	▢ 연구하다

14 이 소리는 뭐지?

Body

동격의 접속사 that

GUESS & CHECK

stomach	▢ 배	▢ 허리
growl	▢ 꼬르륵거리다	▢ 깜빡거리다
digest	▢ 소화하다	▢ 삼키다
absorb	▢ 흡수하다	▢ 방출하다
empty	▢ 꽉 찬	▢ 빈

Food

15 요리가 된 뚜껑

so ~ that

GUESS & CHECK

cover	▢ 덮다	▢ 열다
origin	▢ 유래	▢ 관습
solution	▢ 해결책	▢ 방법
meal	▢ 식사	▢ 식재료
recipe	▢ 요리사	▢ 요리법

Information

16 노벨상처럼, 노벨상과 다르게?

접속사 although

GUESS & CHECK

award	▢ 상	▢ 벌금
attempt	▢ 시도하다	▢ 기념하다
strange	▢ 이상한	▢ 심각한
useless	▢ 유용한	▢ 쓸모없는
unusual	▢ 특이한	▢ 정상적인

13

Culture • 167 words

GET READY 기억에 남는 인상적인 이름이 있나요?

Do you like your name? Perhaps your parents gave it to you. In some countries, however, parents are not allowed to use certain names for their baby.

In France, a couple was banned from naming their daughter "Nutella." Nutella is the name of a famous hazelnut chocolate spread. They hoped that their daughter would be as sweet and popular as Nutella. However, a French court banned the name because other children would make fun of it.

A Mexican state also banned some names recently. The list of banned names includes characters' names in movies such as Batman, Rambo, Terminator, Harry Potter, Hermione, and James Bond. The state government explained that children shouldn't be bullied because of their names.

In Germany, a name must show the gender of the child. When you hear the name, you must be able to tell **if** the child is a boy or a girl. Names like Taylor, Ashley, and Jordan are banned because they are commonly used for both boys and girls.

구문해석 Clear

접속사 if

명사절을 이끄는 접속사 if는 '~인지 (아닌지)'로 해석한다.

14행 **When you hear the name, / you must be able to tell / if the child is a boy or a girl.**

해석 ______________________________

» Answers p.18

1 **이 글의 주제로 가장 알맞은 것은?**

① 이름의 중요성
② 독특한 의미를 지닌 이름
③ 나라별 인기 있는 아기 이름
④ 나라별 금지된 아기 이름
⑤ 아기 이름을 지을 때 고려할 사항

2 **이 글의 내용과 일치하면 T, 일치하지 않으면 F를 쓰시오.**

(1) 'Nutella'는 프랑스에서 매우 인기 있는 이름이라 금지되었다. ________
(2) 멕시코의 어떤 지역에서는 금지된 이름 목록이 있다. ________
(3) 독일에서는 이름으로 성별이 구별되어서는 안 된다. ________

서술형

3 **다음 질문에 대한 답을 이 글에서 찾아 우리말로 쓰시오.**

Why did a Mexican state government ban some names like Batman and Harry Potter?

____

READING MAP

4 **빈칸에 알맞은 말을 이 글에서 찾아 Reading Map을 완성하시오.**

Banned Names

France	the names that other children can make ①__________ of
Mexico	the names of ②__________ in movies
Germany	the names that can't show the ③__________ of the child

WORDS

be allowed to ~하는 것이 허용되다 certain 특정한 ban 금지하다 name 이름을 지어 주다 hazelnut 헤이즐넛 spread 스프레드(빵에 발라 먹는 식품) court 법원 make fun of ~을 놀리다 state 주 recently 최근에 include 포함하다 character 등장인물 government 정부 explain 설명하다 bully 괴롭히다, 따돌리다 gender 성별 be able to ~할 수 있다 tell 구별하다 commonly 흔히, 보통

14

Body • 173 words

GET READY 주로 언제 배에서 꼬르륵 소리가 나나요?

You're in a quiet library. Suddenly your stomach starts to growl, and you feel embarrassed. What caused this growling sound? Is it because you are hungry? If you want to know the answer, you need to understand how food is digested.

When you eat food, the food goes through your throat and moves to your stomach. The muscles of your stomach *contract repeatedly to break down the food. During this process, air and gas also move around in your stomach, and their movements make the strange noises!

The stomach is always moving and making noises. When you eat something, the growling sound becomes very low and you can hardly hear it. This is because the food in your stomach absorbs most of the sound. However, when your stomach is empty, the empty areas make the sound much louder. That is why some of us think that we are hungry when our stomachs growl.

Is your stomach growling? You might not feel hungry, but the noise is a sign **that** your stomach is empty.

*contract 수축하다

구문해석 Clear

동격의 접속사 that

동격을 나타내는 the fact(idea, sign, news) that ~ 구문은 '~라는 사실(생각, 신호, 소식)'으로 해석한다.

17행 **You might not feel hungry, / but the noise is a sign / that your stomach is empty.**

해석 ______________________________

≫ Answers p.19

1 **What is the passage mainly about?**

① where food is digested
② how to enjoy your food
③ why you feel embarrassed
④ why your stomach growls
⑤ how to absorb sounds in your stomach

2 **이 글의 내용과 일치하지 않는 것은?**

① 음식은 목구멍을 통해 위로 이동한다.
② 위에 있는 근육은 음식을 잘게 부수기 위해 계속 수축한다.
③ 공기와 가스가 위에서 돌아다닐 때 소리가 난다.
④ 음식물이 없을 때 위는 움직이지 않는다.
⑤ 위 안에 있는 음식물은 위에서 나는 소리를 흡수한다.

서술형

3 **다음 영영 풀이에 해당하는 단어를 이 글에서 찾아 쓰시오.**

to change the food in your stomach into materials that your body needs

____

READING MAP

4 **이 글의 내용을 바탕으로 〈보기〉의 단어를 이용하여 Reading Map을 완성하시오.**

The stomach is always making ① __________.

when your stomach is full
The food ② __________ the noises.
You can ③ __________ hear them.

when your stomach is empty
The noises sound much ④ __________.
You can hear them ⑤ __________.

보기 well hardly noises louder absorbs

WORDS

suddenly 갑자기 stomach 배, 위 growl 꼬르륵거리다 embarrassed 당황한 cause 유발하다, 일으키다 digest 소화하다 go through ~을 통과하다(지나가다) throat 목구멍 muscle 근육 repeatedly 반복하여 break down ~을 부수다 during 동안 process 과정 movement 움직임 noise 소리, 소음 low (소리가) 낮은 hardly 거의 ~ 않다 absorb 흡수하다 empty 빈 loud (소리가) 큰, 시끄러운 sign 신호

15

Food • 165 words

GET READY 다른 나라의 음식 중 먹어 본 것이 있나요?

Tapas are bite-sized food that Spanish people enjoy. The name comes from the Spanish verb *tapar*, meaning "to cover." There is an interesting story about the origin of tapas.

Spanish people have always enjoyed sweet drinks. In the past, however, they had a problem. The sweet drinks attracted small flies, and the flies often fell into the drinks. A restaurant came up with a solution to this problem. It started to serve thin slices of bread or meat on top of the glasses of sweet drinks. This kept flies out of the sweet drinks. Besides, the covers tasted **so** good **that** more and more people wanted them. As a result, restaurants began to use additional ingredients. Now, there are thousands of tapas recipes.

Tapas have become the perfect snack because Spanish people usually eat dinner late. When they are hungry between meals, they order a drink and eat tapas at the restaurant.

The next time you visit Spain, try as many tapas as you can!

구문해석 Clear

so ~ that

「so + 형용사 / 부사 + that ...」은 '매우(너무) ~해서 …하다'라고 해석한다.

9행 **Besides, the covers tasted so good / that more and more people wanted them.**

해석 ______________________________

» Answers p.20

1 What is the passage mainly about?

① how to make tapas
② the origin of tapas
③ various ingredients of tapas
④ the most popular food in Spain
⑤ the food culture of Spain

2 tapas에 대한 설명으로 이 글의 내용과 일치하지 않는 것은?

① 한 입 크기의 음식이다.
② '덮다'라는 의미의 스페인어 동사에서 나온 말이다.
③ 처음에는 달콤한 음료의 잔 위에 뚜껑처럼 사용되었다.
④ 파리를 꼬이게 하는 주된 원인이었다.
⑤ 현재 수천 가지의 요리법이 있다.

서술형

3 다음 질문에 대한 답을 이 글에서 찾아 쓰시오.

Why do Spanish people eat tapas between meals?

____

READING MAP

4 빈칸에 알맞은 말을 넣어 초기의 tapas에 대한 Reading Map을 완성하시오.

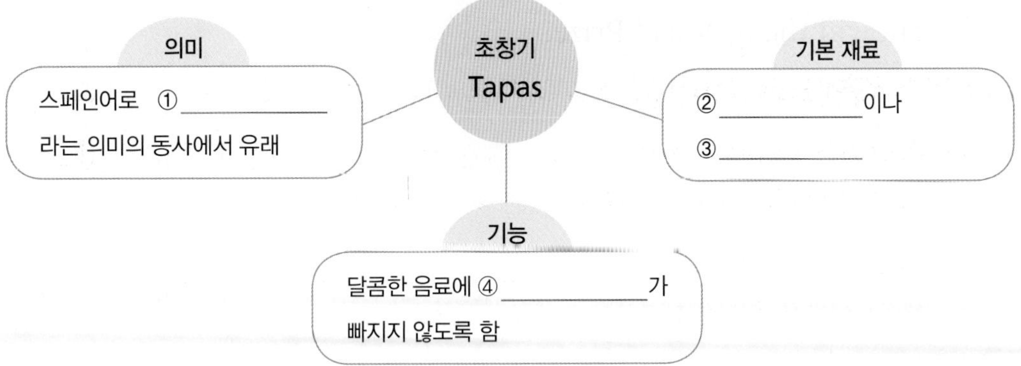

WORDS

bite-sized 한 입 크기의 verb 동사 cover 덮다, 씌우다; 뚜껑, 덮개 origin 기원, 유래 past 과거 attract 유혹하다, 끌어들이다 fly 파리 fall into ~에 빠지다 come up with ~을 생각해 내다 solution 해결책 serve (음식을) 제공하다 slice 조각 keep ~ out of ~가 …에 들어가지 않게 하다 additional 추가의 ingredient 재료 thousands of 수천의, 무수한 recipe 요리법 meal 식사 order 주문하다

16

Information • 167 words

GET READY 이그노벨상에 대해 들어본 적이 있나요?

Every autumn, a strange science award is announced. It happens just before the famous Nobel Prize is ⓐ <u>awarded</u>. The ceremony is held in Harvard University's Sanders Theater. The strange award is the Ig Nobel Prize.

Do you think that the name sounds similar to the Nobel Prize? The Ig Nobel Prize is a parody of the Nobel Prize. While the Nobel Prize is serious and the winners' achievements give great benefits to mankind, the Ig Nobel Prize celebrates fun and extraordinary scientific research. When you see the winners' list, you will realize that their studies are unique and sometimes even ⓑ <u>embarrassed</u>. They include, "Do woodpeckers get headaches because they keep ⓒ <u>moving</u> their heads?," "Can people walk on water?," and so on. **Although** the studies sound ⓓ <u>useless</u>, they make people laugh and think again, because no one has ever thought of them before. Crazy ideas can make great scientific discoveries ⓔ <u>possible</u>.

Why don't you look for answers to unusual questions? Perhaps you can win the Ig Nobel Prize.

구문해석 Clear

접속사 although

접속사 although는 '(비록) ~이긴 하지만'이라고 해석한다.

14행 **Although the studies sound useless, / they make people laugh and think again.**

해석 ______________________________

» Answers p.21

1 이 글의 주제로 가장 알맞은 것은?

① 노벨상의 기원과 유래
② 이그노벨상의 목적과 의의
③ 실패한 과학자에게 주는 상
④ 환경 보호를 위한 과학 발명품
⑤ 노벨상과 이그노벨상의 공통점

2 밑줄 친 ⓐ~ⓔ 중 어법상 틀린 것은?

① ⓐ ② ⓑ ③ ⓒ ④ ⓓ ⑤ ⓔ

서술형

3 이그노벨상과 노벨상 사이의 관계를 나타내는 한 문장을 이 글에서 찾아 쓰시오.

____

READING MAP

4 〈보기〉에서 알맞은 말을 골라 다음 표를 완성하시오.

	Nobel Prize	Ig Nobel Prize
when	every ① __________	
winners	achievements that give great ② __________ to mankind	fun and ④ __________ scientific researches
features	③ __________	makes people ⑤ __________ and think again

보기 extraordinary benefits laugh serious autumn

WORDS

award 상; 수여하다 announce 발표하다, 알리다 ceremony 의식 strange 이상한 similar 비슷한 parody 패러디
serious 진지한 achievement 업적 benefit 혜택 mankind 인류 celebrate 기념하다 extraordinary 기이한, 놀라운
scientific 과학적인 research 연구 woodpecker 딱따구리 headache 두통 useless 쓸모없는 laugh 웃다
crazy 정상이 아닌, 말도 안되는 discovery 발견 possible 가능한 unusual 특이한

UNIT 4 Review Test

| 어휘 Review |

A 다음 단어에 해당하는 영영 풀이를 연결하시오.

1	empty •	• ⓐ to say that something must not be done
2	cover •	• ⓑ having nothing inside
3	ban •	• ⓒ to put or spread something over or on
4	origin •	• ⓓ the point or place where something begins

B 빈칸에 알맞은 단어를 〈보기〉에서 골라 쓰시오.

보기 useless similar serious embarrassing

1 Mike is always _______________ about his work.

2 She wastes her money on _______________ things.

3 This fairy tale is _______________ to the plot in *Cinderella*.

4 His question is a little strange and sometimes even _______________.

C 우리말과 일치하도록 괄호 안의 단어를 배열하여 쓰시오.

1 I'm worried that others will ______________________________.
나는 다른 사람들이 내 실수를 놀릴까 봐 걱정이 된다. (fun, my mistake, make, of)

2 You must ______________________________ if his words are true or false.
당신은 그의 말이 사실인지 거짓인지를 구별할 수 있어야 한다. (tell, able, be, to)

3 We need someone ______________________________ an idea to this problem.
우리는 이 문제에 관한 아이디어를 생각해 낼 사람이 필요하다. (up, come, to, with)

4 Teenagers should not ______________________________ late hours.
십 대들이 늦게까지 일하도록 허용해서는 안 된다. (work, be, to, allowed)

구문 Review

A **밑줄 친 부분의 해석을 쓰시오.**

1 the fact that she is smart ______________ 사실

2 the news that we won the game ______________ 소식

3 the idea that the earth is round ______________ 생각

B **밑줄 친 부분을 바르게 해석하시오.**

1 I don't know if he will come to the party.

→ 나는 ______________ 모른다.

2 Although I was tired, I stayed up all night.

→ ______________, 밤을 새웠다.

3 Fever is a sign that the body is fighting an illness.

→ 열은 ______________이다.

서술형

C **우리말과 일치하도록 괄호 안의 단어들을 배열하여 문장을 완성하시오.**

1 이 장소는 매우 인기 있어서 전 세계의 많은 사람들이 방문한다. (so, that, popular, is)

→ This place ______________ many people visit from all around the world.

2 비록 그 상은 이상하게 들리지만, 그것은 사람들을 웃고 다시 생각하게 만든다.

(the award, strange, although, sounds)

→ ______________, it makes people laugh and think again.

구문 Summary

- 명사절을 이끄는 if는 '~인지 (아닌지)'라고 해석하고, although는 '비록 ~이긴 하지만'이라고 해석한다.
- 동격의 접속사 that은 앞에 있는 명사의 내용을 설명하므로 '~라는 (명사)'라고 해석한다.
- 「so + 형용사/부사 + that ...」은 '매우 ~해서 …하다'라고 해석한다.

UNIT 5

Health

17 카페인을 조심하세요!

동명사

GUESS & CHECK

tired	▢ 피곤한	▢ 바쁜
careful	▢ 부주의한	▢ 조심하는
intake	▢ 배출	▢ 섭취
disturb	▢ 방해하다	▢ 도움이 되다
instead of	▢ ~ 대신에	▢ ~와 함께

Lesson

18 겉으로 판단하지 마세요!

감정을 나타내는 분사

GUESS & CHECK

expect	▢ 알아차리다	▢ 기대하다
serve	▢ (음식을) 제공하다	▢ 요리하다
bill	▢ 동전	▢ 지폐
treat	▢ 대접하다	▢ 무시하다
disappointed	▢ 기대에 찬	▢ 실망한

Place

19 바르샤바에 가면?

명사를 수식하는 분사

GUESS & CHECK

composer	▢ 작곡가	▢ 지휘자
airport	▢ 비행기	▢ 공항
crosswalk	▢ 신호등	▢ 횡단보도
press	▢ 건너다	▢ 누르다
celebrate	▢ 기념하다	▢ 애도하다

Culture

20 제주에 사는 인어공주

분사구문

GUESS & CHECK

dive	▢ 잠수하다	▢ 운전하다
seaweed	▢ 해초	▢ 그물
collect	▢ 고르다	▢ 모으다
expert	▢ 초보자	▢ 전문가
marine	▢ 해양의	▢ 우주의

17

GET READY 커피나 에너지 음료를 마셔 본 적이 있나요?

When you are feeling tired, there are many different ways to wake yourself up. **Drinking** coffee or energy drinks is one way. After drinking them, you feel less tired. This is because of the caffeine in them.

Caffeine can be helpful, but be careful not to have it too much. Even if you do not drink a lot of coffee or energy drinks, you may actually be getting much more caffeine than you think. A cup of coffee has about 150 mg of caffeine. But caffeine is not only found in coffee. A can of Coke, ____________, has about 36 mg of caffeine. A chocolate bar has 16 mg, and a cup of tea has 30 mg. The numbers add up quickly! As a teenager, your daily caffeine intake should be less than 100 mg. So pay attention to what you eat and drink.

Too much caffeine can disturb your sleep and affect your growth. Try drinking water or fresh juice instead of drinks with caffeine in them. And if you feel tired, get more sleep!

구문해석 Clear

동명사

「동사원형+-ing」는 명사처럼 쓰여 '~하기, ~하는 것'으로 해석한다.

2행 **Drinking coffee or energy drinks / is one way.**

해석 ______________________________

≫ Answers p.23

1 이 글의 요지로 가장 알맞은 것은?

① 피로를 푸는 자신만의 방법을 찾아야 한다.
② 성인과 청소년의 권장 카페인 섭취량은 다르다.
③ 청소년기의 수면은 성장과 밀접한 관련이 있다.
④ 카페인은 적절히 섭취하면 도움이 된다.
⑤ 카페인은 생각보다 많이 섭취할 수 있으므로 조심해야 한다.

2 빈칸에 들어갈 말로 알맞은 것은?

① however ② therefore ③ for example
④ besides ⑤ instead

서술형

3 사람들이 생각보다 많은 양의 카페인을 섭취하게 되는 이유를 이 글에서 찾아 우리말로 쓰시오.

____

READING MAP

4 빈칸에 알맞은 말을 이 글에서 찾아 Reading Map을 완성하시오.

Caffeine		
	Effect	Caffeine makes you feel ① ________ ________.
	Problem	Too much caffeine can affect your ② ________ and ③ ________.
	Solution	Drink ④ ________ or fresh ⑤ ________.

WORDS

tired 피곤한 wake up 정신이 들게 하다 caffeine 카페인 helpful 도움이 되는 careful 조심하는 actually 실제로, 사실은
add up 더해지다, 합산하다 quickly 빨리 teenager 십 대 daily 매일의 intake 섭취 pay attention to ~에 주의를 기울이다
disturb 방해하다 affect 영향을 미치다 growth 성장 instead of ~ 대신에

18

Lesson • 180 words

GET READY 겉모습만으로 상대방을 판단한 적이 있나요?

One day, a man went into a nice restaurant to have dinner. As he walked in, two waiters noticed his old clothes. One of them said to the other, "That man looks poor. We can't expect a good tip from him, so we don't have to give him good service." When he was ready to order, they didn't pay attention to him for a long time. They even served other customers' food first and then served him last. When he finally got his food, it was cold. But after the man finished his dinner, a **surprising** thing happened. He gave the waiters a one hundred-dollar bill as a tip. They were **surprised** at their good luck.

The next week, the man visited the same restaurant again. The waiters remembered him. As they wanted another big tip, they treated him like a king. This time, however, the man only gave them a one-dollar bill. After he noticed the disappointed looks on their faces, he explained the reason. "(A) This tip is for last week's service. (B) Last week's tip was for today's service."

구문해석 Clear

감정을 나타내는 분사

surprising은 '놀라운'이라고 해석하고, surprised는 '놀란'으로 해석한다.

7행 **But after the man finished his dinner, / a surprising thing happened.**

해석 ______________________________

9행 **They were surprised at their good luck.**

해석 ______________________________

»» Answers p.24

1 이 글의 교훈을 나타내는 속담으로 가장 알맞은 것은?

① No news is good news.
② Blood is thicker than water.
③ Don't judge a book by its cover.
④ A friend in need is a friend indeed.
⑤ One man's trash is another man's treasure.

2 밑줄 친 a surprising thing이 의미하는 것은?

① 초라해 보이는 손님이 음식점 사장인 것
② 종업원들이 손님으로부터 거액의 팁을 받은 것
③ 종업원들이 손님에게 매우 친절하게 대한 것
④ 손님이 불친절했던 음식점에 다시 방문한 것
⑤ 종업원들이 손님에게 다른 음식을 가져다준 것

서술형

3 밑줄 친 (A)와 (B)가 각각 가리키는 것을 이 글에서 찾아 쓰시오.

(A) ____________________ (B) ____________________

READING MAP

4 이 글의 내용을 바탕으로 빈칸에 알맞은 말을 〈보기〉에서 골라 쓰시오.

	First Visit	Second Visit
the service that the waiters gave	① __________	④ __________
the tip that the waiters got	a ② __________ bill	a ⑤ __________ bill
the feeling of the waiters	③ __________	⑥ __________

보기 surprised good one hundred-dollar disappointed poor one-dollar

WORDS

waiter 종업원 notice 알아차리다 clothes 옷, 의복 expect 기대하다 tip 팁, 봉사료 be ready to ~할 준비가 되다 order 주문하다 serve (음식을) 제공하다 customer 손님 last 마지막으로 happen 발생하다, 일어나다 bill 지폐 luck 운 treat 대접하다, 대우하다 disappointed 실망한 look 표정 explain 설명하다 reason 이유

19

Place • 197 words

GET READY 쇼팽에 대해 알고 있나요?

If you like Chopin, you should visit Warsaw, the capital of Poland! Chopin was born in Poland and grew up in Warsaw. He is one of the greatest composers, and the Polish are proud of him. Today you can find many things related to Chopin in Warsaw.

You enter Chopin's World as soon as you arrive at Warsaw Airport. Warsaw's main airport is named Warsaw Chopin Airport. Visit the Palace of Culture and Science, and you will see the crosswalk in front of it. The crosswalk looks like a piano keyboard. You can cross the street as if you are playing the piano. If you get tired, look for Chopin benches on the streets of Warsaw. If you press a button on these benches, you can listen to some of Chopin's music. Also, be sure to visit the *Fryderyk Chopin University of Music. One of its walls is decorated with his musical scores.

If you are lucky, you can see the world-famous International Chopin Piano Competition. It is held in Warsaw every five years to celebrate Chopin. The participants must play music **written** by Chopin. Although Chopin died a long time ago, Warsaw will remember him forever.

*Fryderyk Chopin University of Music 바르샤바 음악원

구문해석 Clear

명사를 수식하는 분사

과거분사나 현재분사는 명사의 앞이나 뒤에서 명사를 수식한다. 과거분사는 '~되어진'이라고 해석하고, 현재분사는 '~하는'이라고 해석한다.

17행 **The participants must play music / written by Chopin.**

해석 ______________________________

»» Answers p.25

1 **What is the best title for the passage?**

① Places to Visit in Poland
② Musicians Born in Poland
③ Warsaw: the City of Chopin
④ Chopin: the Greatest Musician
⑤ Warsaw: the Capital of Poland

2 **이 글의 내용과 일치하면 T, 일치하지 않으면 F를 쓰시오.**

(1) 바르샤바에 있는 모든 벤치에서 쇼팽의 음악을 들을 수 있다. ________

(2) 문화 과학 궁전 앞에 있는 횡단보도를 건너면 피아노 소리가 난다. ________

서술형

3 **빈칸에 공통으로 알맞은 단어를 이 글에서 찾아 쓰시오.**

- At the end of the game, the ______________ was 5-3.
- The musical ______________ written by Mozart is displayed in this museum.

READING MAP

4 **이 글의 내용을 바탕으로 빈칸에 알맞은 말을 쓰시오.**

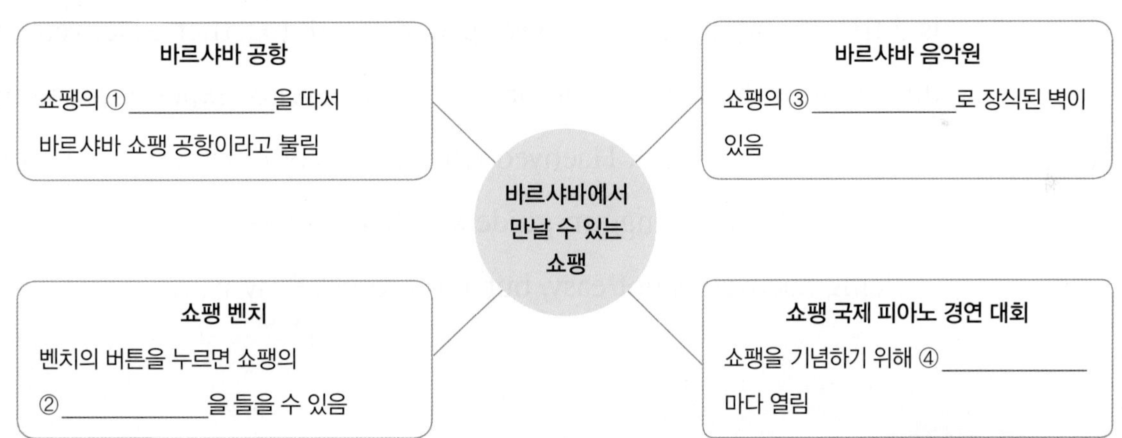

바르샤바 공항
쇼팽의 ① ____________ 을 따서
바르샤바 쇼팽 공항이라고 불림
바르샤바 음악원
쇼팽의 ③ ____________ 로 장식된 벽이
있음
바르샤바에서
만날 수 있는
쇼팽
쇼팽 벤치
벤치의 버튼을 누르면 쇼팽의
② ____________ 을 들을 수 있음
쇼팽 국제 피아노 경연 대회
쇼팽을 기념하기 위해 ④ ____________
마다 열림

WORDS

capital 수도 be born in ~에서 태어나다 composer 작곡가 be proud of ~을 자랑으로 여기다 related to ~와 관련된 as soon as ~하자마자 arrive 도착하다 airport 공항 main 주요한 crosswalk 횡단보도 as if 마치 ~처럼 press 누르다 be sure to 반드시 ~하다 be decorated with ~로 장식되어 있다 score 악보 world-famous 세계적으로 유명한 competition 경연, 대회 celebrate 기념하다, 축하하다 participant 참가자 forever 영원히

20

GET READY 해녀에 대해 알고 있는 것이 있나요?

Hi, I'm 60 years old and live on Jeju Island in Korea. People call me "the mermaid of Jeju Island." Do you wonder why people call me that? That's because I'm a haenyeo.

Every day, I dive deep under the sea to catch fresh seafood and seaweed. When I dive, I wear a wetsuit and goggles without an oxygen mask. **Collecting** my underwater harvest, I hold my breath for up to two minutes! When I come back up to the surface of the water, I make a strange sound called "sumbisori." It is a unique breathing technique of the haenyeo. It plays an important role. It lets other haenyeo know where I am. So, when I first started this underwater work, I practiced hard.

Haenyeo are experts on the sea and marine life. However, our work is difficult and dangerous, so we usually work together. Haenyeo are divided into three groups according to the level of experience: hagun, junggun and sanggun. Haenyeo who have a lot of experience become sanggun, like me. Sanggun guide and help others.

Being haenyeo is not easy, but I'm proud of my work.

구문해석 Clear

분사구문

분사구문은 동사의 -ing 형태가 이끄는 구문으로, 부사절에서 접속사와 주어가 생략된 형태이다. 문장에 따라 다양한 의미를 나타내는데 시간을 나타내는 경우에는 '~할 때'라고 해석한다.

8행 **Collecting my underwater harvest, / I hold my breath for up to two minutes!**

해석 ______________________________

» Answers p.26

1 What is the best title for the passage?

① A Dangerous Job, Haenyeo
② How to Dive like a Haenyeo
③ The Unique Marine Life of Jeju Island
④ Where the Haenyeo Collect Their Harvest
⑤ The Amazing Divers of Jeju Island: Haenyeo

2 해녀에 관한 설명 중 이 글의 내용과 일치하지 않는 것은?

① 잠수를 해서 신선한 해산물을 채취한다.
② 산소 마스크와 잠수복 모두 착용하지 않는다.
③ 잠수 후 물 밖으로 나올 때 소리를 낸다.
④ 바다와 해양 생물에 관한 지식이 많다.
⑤ 상군이 다른 해녀들을 이끌어 주는 역할을 한다.

서술형

3 밑줄 친 sumbisori가 무엇인지와 그 역할을 우리말로 쓰시오.

____

READING MAP

4 빈칸에 알맞은 말을 이 글에서 찾아 다음 Reading Map을 완성하시오.

Special Things about Haenyeo

1	dive without an ① ________ ________
2	have a unique ② ________ technique
3	divided into ③ ________ groups according to their ④ ________

WORDS

mermaid 인어 dive 잠수하다 seafood 해산물 seaweed 해초 wetsuit 잠수복 goggle 물안경
oxygen mask 산소 마스크 collect 모으다, 거두다 underwater 물속의, 수중의 harvest 수확물
hold one's breath 숨을 참다 surface 표면 unique 독특한 breathing 호흡 technique 기술 expert 전문가
marine life 해양 생물 dangerous 위험한 be divided into ~으로 나누어지다 guide 이끌다

UNIT 5 # Review Test

| 어휘 Review |

A **다음 영영 풀이에 해당하는 단어를 〈보기〉에서 골라 쓰시오.**

보기 bill disturb expert crosswalk

1 ______________: to interrupt someone

2 ______________: a specially marked place where people can cross a street

3 ______________: someone who has a special skill or knowledge

4 ______________: a piece of paper money

B **괄호 안에서 알맞은 말을 고르시오.**

1 I think you should control caffeine (intake / growth) very carefully.

2 He was (surprising / surprised) at the result.

3 Today the classroom is (decorated / held) with many balloons.

4 The teacher is (proud / born) of his students.

C **우리말과 일치하도록 빈칸에 알맞은 말을 쓰시오.**

1 He sometimes talks ____________ ____________ he is singing a song.
그는 때때로 노래하는 것처럼 이야기한다.

2 The students ____________ ____________ ____________ three types.
학생들은 세 가지 유형으로 나누어진다.

3 Why don't you drink milk ____________ ____________ coffee?
커피 대신에 우유를 마시는 건 어때?

4 You'll see the advertisement board ____________ ____________ ____________
you land at the airport.
공항에 도착하자마자 너는 그 광고판을 보게 될 것이다.

구문 Review

A **밑줄 친 부분의 해석을 쓰시오.**

1 the surprised look on her face — 그녀의 얼굴에 ____________ 표정

2 many things related to the composer — ____________ 많은 것들

3 a student wearing a T-shirt — ____________ 학생

B **밑줄 친 부분을 바르게 해석하시오.**

1 Riding a bike in the morning is my hobby.
→ ____________ 나의 취미이다.

2 Tom is reading a novel written by a famous writer.
→ Tom은 ____________ 소설을 읽고 있는 중이다.

3 Seeing the lion, the child began to cry.
→ ____________, 그 아이는 울기 시작했다.

서술형

C **우리말과 일치하도록 괄호 안의 단어들을 배열하여 문장을 쓰시오.**

1 아침마다 물 한 잔을 마시는 것은 좋은 습관이다. (a glass of, drinking, water, every morning)
→ ____________ is a good habit.

2 그녀는 기타를 치면서 노래를 불렀다. (the guitar, playing, a song, sang, she)
→ ____________

구문 Summary
- 동명사는 '~하기, ~하는 것'으로 해석한다.
- 현재분사나 과거분사는 명사의 앞이나 뒤에서 명사를 꾸며 주도록 해석한다.
- 분사구문은 시간, 이유, 동시 상황 등 적절한 접속사의 의미를 넣어 문맥에 맞게 해석한다.

UNIT 6

Science

21 찌릿찌릿, 정전기

관계대명사

GUESS & CHECK

dry	☐ 건조한	☐ 습한
spark	☐ 번개	☐ 불꽃
friction	☐ 마찰	☐ 금속
contact	☐ 접근	☐ 접촉
raise	☐ 올리다	☐ 내리다

Society

22 실패를 환영합니다!

관계대명사 what

GUESS & CHECK

exhibit	☐ 전시하다	☐ 조사하다
combine	☐ 결합하다	☐ 분리하다
disappear	☐ 나타나다	☐ 사라지다
innovative	☐ 보수적인	☐ 혁신적인
failure	☐ 성공	☐ 실패

Architecture

23 해태야, 넌 누구니?

관계부사

GUESS & CHECK

imaginary	▢ 상상의	▢ 현실의
statue	▢ 건축물	▢ 조각상
justice	▢ 정의	▢ 평등
guard	▢ 예방하다	▢ 지키다
protection	▢ 보호	▢ 파괴

Teens

24 중2병이 아니에요!

복합관계부사

GUESS & CHECK

mood	▢ 이성	▢ 기분
physical	▢ 정신의	▢ 신체의
develop	▢ 발달하다	▢ 조절하다
emotion	▢ 감정	▢ 이성
calm down	▢ 진정하다	▢ 분출하다

21

GET READY 겨울철에 정전기를 경험해 본 적이 있나요?

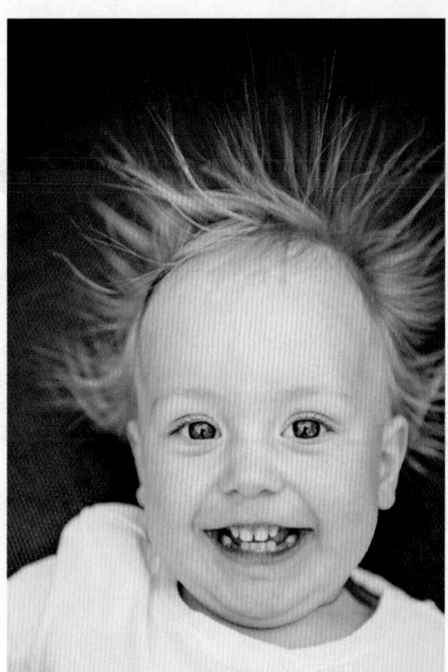

During the winter, the air is very dry. When you touch metal, you probably feel something like a spark. Also, when you take off your sweater, your hair might stand up. These things are caused by static electricity. But, what is static electricity and what causes it?

The word "static" means "not moving." So "static electricity" literally means electricity **that** doesn't move. It is as strong as lightning, but it is not dangerous because it doesn't flow through your body.

Static electricity is caused by friction. Friction occurs when two things come into contact with each other. When this happens, the *electrons move from one object to another. Little by little, electricity builds up. When there is too much, it is released as static electricity.

How can this be prevented? Since dry air increases the chance of static electricity, it is helpful to raise the humidity level. You can make the air in your room less dry by using a humidifier or a fish tank.

*electron 전자

구문해석 Clear

관계대명사

관계대명사 that이 이끄는 절은 선행사를 뒤에서 수식하고 '~하는'이라고 해석한다.

9행 **So "static electricity" literally means / electricity that doesn't move.**

해석 ______________________________

>> Answers p.28

1 이 글의 목적으로 가장 알맞은 것은?

① 정전기를 유익하게 활용한 사례 소개
② 날씨와 정전기의 관계를 과학적으로 설명
③ 정전기가 일어나는 과학적 원리 설명
④ 정전기를 방지하는 방법에 대한 안내
⑤ 정전기의 위험성 및 발생 가능한 사고에 대한 경고

2 이 글을 읽고 답할 수 없는 질문은?

① When does static electricity occur?
② What is static electricity?
③ What causes static electricity?
④ How can static electricity be used?
⑤ How can static electricity be prevented?

서술형

3 빈칸에 알맞은 말을 이 글에서 찾아 쓰시오.

If the air in your place is ____________, there will be a higher ____________ of static electricity. So a ____________ or a ____________ ____________ will be helpful.

READING MAP

4 빈칸에 알맞은 말을 이 글에서 찾아 Reading Map을 완성하시오.

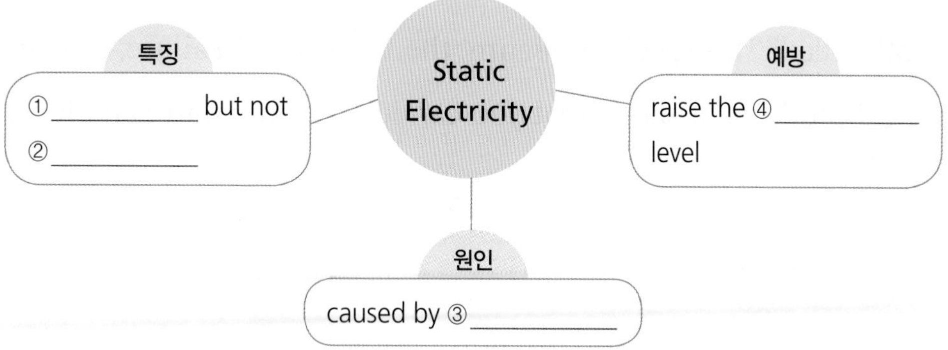

WORDS

dry 건조한 metal 금속 spark 불꽃 static 정적인, 정지된 static electricity 정전기 literally 말 그대로 lightning 번개 flow 흐르다 friction 마찰 occur 일어나다, 발생하다 contact 접촉 each other 서로 object 물체 release 방출하다 prevent 막다, 예방하다 chance 가능성 raise 올리다, 높이다 humidity 습도 humidifier 가습기 fish tank 수조

22

Society • 199 words

GET READY 이색 박물관 중 알고 있는 것이 있나요?

Coca-Cola BlāK

Most museums exhibit great works. However, there is a museum in Sweden that is different from usual museums. Let's look at some of the displays there.

One of the displays is Coca-Cola BlāK. The Coca-Cola Company found that people liked coffee and also liked soft drinks. So, the company decided to combine **what** people wanted and mixed them into one drink. The idea seemed great. However, the new drink disappeared after two years because consumers didn't like the taste. Nevertheless, the Coca-Cola Company never stopped making new soft drinks.

Another item on display is Apple's message pad, the Newton. It was innovative because it didn't have a keyboard. Instead, it had a special type of pen and recognized handwriting. But there was a big problem. Sometimes, it didn't understand ____________ users wrote. If someone wrote, "Lunch with Mom tomorrow," it would type "Take a taxi to town." However, it wasn't a total failure. It helped the success of the iPhone.

Apple's Newton

What do Coca-Cola BlāK and the Newton have in common? They both failed! This special museum, the Museum of Failure, is actually for failed products. It shows that you can learn from failure and it can lead to success.

구문해석 Clear

관계대명사 what

관계대명사 what은 '~하는 것'이라고 해석한다.

5행 **So, the company decided to combine / what people wanted / and mixed them into one drink.**

해석 ____________________

≫ Answers p.29

1 실패 박물관의 취지로 가장 알맞은 것은?

① 박물관은 독특한 제품을 전시해야 한다.
② 실패를 통해 배우고 성공할 수 있다.
③ 실패하지 않기 위해 실수를 최소화해야 한다.
④ 창의적인 시도는 실패하기 쉽고 무모하다.
⑤ 신제품을 출시하기 위해서는 철저한 시장조사를 해야 한다.

2 빈칸에 들어갈 말로 알맞은 것은?

① who ② which ③ that
④ what ⑤ where

서술형

3 빈칸에 알맞은 말을 이 글에서 찾아 쓰시오.

The Museum of Failure in Sweden is unusual because it exhibits ______________ ______________.

READING MAP

4 빈칸에 알맞은 말을 이 글에서 찾아 Reading Map을 완성하시오.

Coca-Cola BlāK	Apple's Newton
a mixture of ① __________ and a ② __________ __________	a message pad without a ④ __________
↓	↓
People didn't like the ③ __________.	It sometimes didn't ⑤ __________ written words.

WORDS

exhibit 전시하다 display 전시품 soft drink 탄산음료 combine 결합하다 mix 섞다 seem ~처럼 보이다
disappear 사라지다 consumer 소비자 taste 맛 nevertheless 그럼에도 불구하고 innovative 혁신적인
recognize 인식하다 handwriting 손으로 쓴 것; 필적 user 사용자 total 완전한, 전체의 failure 실패 success 성공
have in common 공통점이 있다

23

Architecture • 165 words

GET READY 해태 조각상이나 그림을 본 적이 있나요?

Have you ever heard of an imaginary animal called Haetae? If you visit some places in Seoul, you will see statues of this animal. Haetae has big eyes and horns, and looks like a lion. In the past, people placed the statues of Haetae in front of some buildings because they believed it had some important characteristics.

First of all, Haetae was considered wise because (A) it could tell what was right and what was wrong. This is why there are Haetae statues in places like Gyeongbokgung Palace and the National Assembly building. These are places **where** justice should be protected. Haetae also kept fires and disasters away. Gyeongbokgung Palace is a wooden structure, so it can catch fire easily. Therefore, people put Haetae statues in front of (B) it for protection.

Haetae has another name. Seoul made Haetae its mascot, and the character was named "Haechi." The people of Seoul hope that Haechi will guard their city just as Haetae has guarded Gyeongbokgung Palace for centuries.

구문해석 Clear

관계부사

관계부사 where는 장소를 나타내는 선행사를 수식하며, '~하는 (장소)'라고 해석한다.

9행 **These are places / where justice should be protected.**

해석 ______________________________

» Answers p.30

1 What is the purpose of the passage?

① to promote a new mascot of Seoul
② to explain the characteristics of Haetae
③ to introduce customs to keep fires away
④ to describe the appearance of Haetae
⑤ to tell the history of Gyeongbokgung Palace

2 밑줄 친 (A)와 (B)의 it이 가리키는 것이 순서대로 짝지어진 것은?

① a lion – Seoul
② a wise man – Seoul
③ a wise man – Gyeongbokgung Palace
④ Haetae – the National Assembly building
⑤ Haetae – Gyeongbokgung Palace

서술형

3 다음 질문에 대한 답을 이 글에서 찾아 우리말로 쓰시오.

Why does Seoul use Haetae as its mascot?

____

READING MAP

4 빈칸에 알맞은 말을 이 글에서 찾아 Reading Map을 완성하시오.

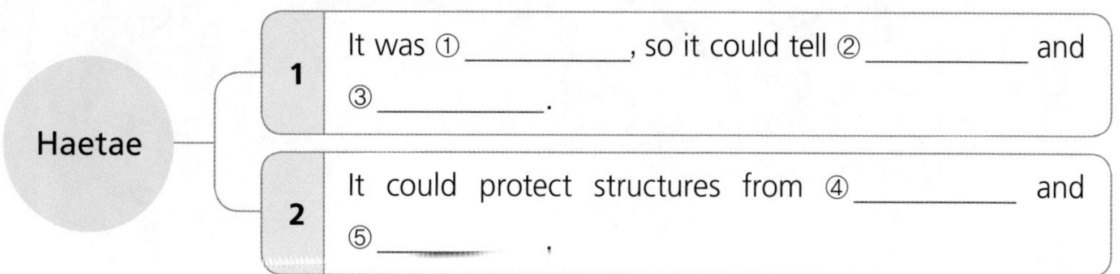

Haetae
1
It was ① __________, so it could tell ② __________ and ③ __________.
2
It could protect structures from ④ __________ and ⑤ __________.

WORDS

imaginary 상상의 statue 조각상 horn 뿔 past 과거 characteristic 특징 first of all 우선 consider 여기다, 간주하다 tell 구별하다 palace 궁전 the National Assembly 국회 justice 정의 protect 지키다, 보호하다 keep ~ away ~을 멀리하다(피하다) disaster 재난 wooden 나무로 만든 structure 건축물, 구조물 protection 보호 mascot 마스코트 guard 지키다, 보호하다 for centuries 수 세기 동안

24

Teens • 184 words

GET READY '중2병'이라는 말을 들어본 적이 있나요?

You are happy and cheerful in the morning. Later in the afternoon, you suddenly feel angry or sad. Sometimes, you get very upset about small things. Your mood can change quickly for no reason. Have you ever wondered why this happens to you?

First of all, the teenage years are when your body starts ⓐ producing hormones. They cause your body ⓑ to grow rapidly, and these physical changes can make you feel confused and uncomfortable. Hormones also affect your mood directly, so your emotions may change rapidly.

Your brain also plays an important role in mood changes. The area of the brain that controls emotions and decision-making is still developing. This specific area develops much later than the other areas of your brain. That is why you sometimes react emotionally before thinking rationally.

Whenever you feel angry or upset for no reason, try ⓒ to calm down, and talk about your feelings with family or friends. Stepping back from the situation is also helpful. It will help you ⓓ thinking rationally! Remember that it is quite normal ⓔ to act or feel this way in your teens.

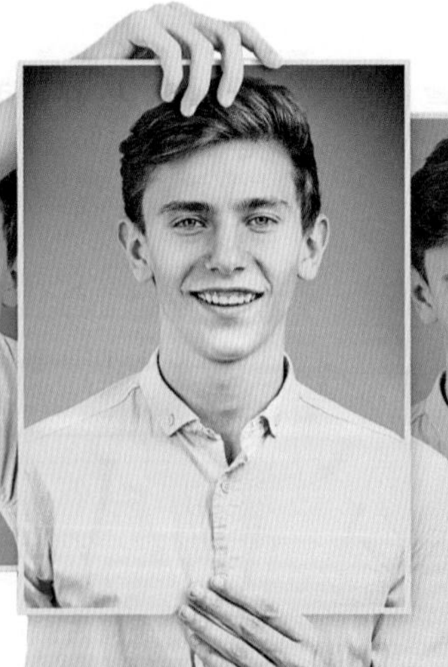
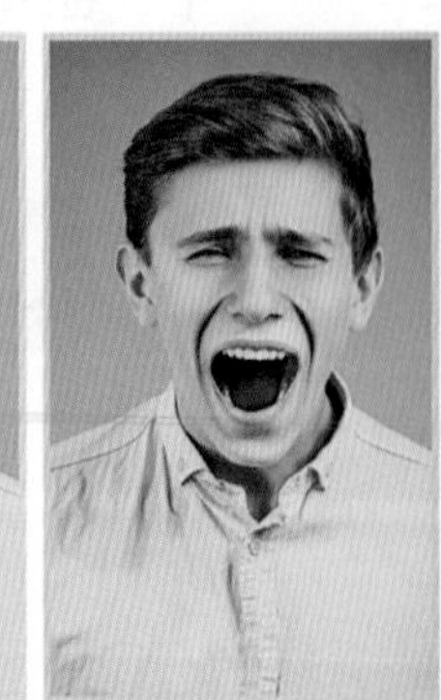

구문해석 Clear

복합관계부사

복합관계부사 whenever는 '~할 때마다, ~할 때는 언제든지'라고 해석한다.

13행 **Whenever you feel angry or upset / for no reason, / try to calm down.**

해석 ______________________________

» Answers p.31

1 What is the passage mainly about?

① when teenagers feel happy
② the many ways to control your emotions
③ the differences between teenagers and adults
④ the relationship between hormones and emotions
⑤ why teenagers' feelings sometimes change quickly

2 밑줄 친 ⓐ~ⓔ 중 어법상 틀린 것은?

① ⓐ ② ⓑ ③ ⓒ ④ ⓓ ⑤ ⓔ

서술형

3 이 글의 내용을 바탕으로 John의 고민에 대한 조언을 완성하시오.

John: I get along with my friends well, but I sometimes get upset easily for no reason.

Mrs. Jane: Don't worry. It's __________ for you to feel like this. If you __________ __________ from the situation, you can think __________.

READING MAP

4 빈칸에 알맞은 말을 이 글에서 찾아 다음 Reading Map을 완성하시오.

The Causes of Teenagers' Mood Changes

1	① __________ affect teens' ② __________ and emotional changes.
2	In the ③ __________, the area that controls ④ __________ and decision-making is still ⑤ __________.

WORDS

cheerful 쾌활한 upset 속상한 mood 기분 hormone 호르몬 rapidly 빨리 physical 신체의 confused 혼란스러운
uncomfortable 불편한 affect 영향을 미치다 directly 직접적으로 emotion 감정 area 영역, 부분
control 조절하다, 통제하다 decision-making 의사 결정 develop 발달하다 specific 특정한 react 반응하다
rationally 이성적으로 calm down 진정하다 step back 한 걸음 물러나 생각하다 normal 정상적인, 평범한

UNIT 6 Review Test

| 어휘 Review |

A **다음 단어에 해당하는 영영 풀이를 연결하시오.**

1 exhibit •　　• ⓐ a feeling such as happiness, joy, fear, or anger

2 statue •　　• ⓑ something which looks like a person or animal, made in stone or metal

3 static •　　• ⓒ to show something in a public place

4 emotion •　　• ⓓ without motion or change

B **빈칸에 알맞은 단어를 〈보기〉에서 골라 쓰시오.**

보기　mascot　innovative　failure　upset

1 Try not to be ______________ about the small things.

2 The ______________ of our soccer team is not a lion but a tiger.

3 Your idea is ______________, but it is hard to realize it.

4 Sometimes, ______________ can teach us more than success.

C **우리말과 일치하도록 괄호 안의 단어를 배열하여 쓰시오.**

1 Meditation can ______________________________.
명상은 네가 진정하는 데 도움을 줄 수 있다. (you, down, help, calm)

2 My brother and I ______________________________.
나와 내 남동생은 공통점이 많다. (common, a lot, have, in)

3 ______________________________, and you can solve the problems well.
그 상황에서 한 걸음 물러나서 생각해라, 그러면 그 문제를 잘 해결할 수 있다. (the situation, back, step, from)

4 The statue is believed to ______________________________.
그 동상은 재난을 쫓아낸다고 믿어진다. (away, disasters, keep)

구문 Review

A 밑줄 친 부분의 해석을 쓰시오.

1 know what you did ____________ 알다

2 the place where I lived ____________ 곳

3 the animals which live in the water ____________ 동물들

B 밑줄 친 부분을 바르게 해석하시오.

1 I saw a strange animal that had big horns and ears in my dream.

→ 나는 꿈에서 ____________ 봤다.

2 School is a place where you learn many things.

→ 학교는 ____________ 이다.

3 Whenever I feel tired, I eat a chocolate bar.

→ ____________, 나는 초콜릿 바를 먹는다.

서술형

C 우리말과 일치하도록 괄호 안의 단어들을 배열하여 문장을 쓰시오.

1 그 회사는 사람들이 원하는 것을 찾기 위해 노력했다. (the, wanted, people, what)

→ The company tried to find ____________.

2 나는 모든 사람들이 그녀를 좋아하는 이유를 안다. (everyone, her, likes, the reason, why)

→ I know ____________.

구문 Summary

- 관계대명사 who, which, that이 이끄는 절은 앞에 있는 명사를 수식하여 '~하는'으로 해석하고, 관계대명사 what은 '~하는 것'으로 해석한다.
- 관계부사는 선행사에 따라 when(시간), where(장소), how(방법), why(이유) 등을 쓰고 앞에 있는 명사를 꾸며 주도록 해석한다. whenever, wherever, whatever는 '~할 때는 언제든지/어디든지/무엇이든지'라고 해석한다.

UNIT 7

Math

25 내 밀은 몇 마리?

분수 표현

GUESS & CHECK

raise	▢ 기르다	▢ 남기다
will	▢ 유언장	▢ 상장
half	▢ 전체	▢ 절반
divide	▢ 곱하다	▢ 나누다
borrow	▢ 빌리다	▢ 가져오다

Science

26 비누의 원리

one / the other

GUESS & CHECK

dirt	▢ 때, 먼지	▢ 얼룩
soap	▢ 화장품	▢ 비누
tiny	▢ 작은	▢ 거대한
attach	▢ 분리하다	▢ 달라붙다
form	▢ 형성하다	▢ 제거하다

Economy

27 돈을 많이 찍어 내면 좋을까?

수량형용사 few

GUESS & CHECK

earn	☐ (돈을) 벌다	☐ 저축하다
debt	☐ 빚	☐ 부
value	☐ 상황	☐ 가치
decrease	☐ 증가하다	☐ 감소하다
worthless	☐ 가치 없는	☐ 유용한

Environment

28 접시까지 먹어 볼까?

both *A* and *B*

GUESS & CHECK

plate	☐ 접시	☐ 냄비
disposable	☐ 일회용의	☐ 영구적인
convenient	☐ 불편한	☐ 편리한
environment	☐ 환경	☐ 주변
pollution	☐ 낭비	☐ 오염

25

Math • 179 words

GET READY 어려운 문제를 만나면, 어떻게 하나요?

Long ago, a farmer and his three sons raised horses on a farm. When the farmer died, he left a will. It said, "I give my seventeen horses to my three sons. My oldest son gets **one half** of the horses, my middle son gets **one third** of the horses, and my youngest son gets **one ninth** of the horses." The three sons were __________ because they could not divide 17 by 2, 3, or 9. So they asked a wise man for advice. He said, "You can solve this problem with a little help from your neighbor." He told them to borrow a horse from their neighbor. Now the three sons had a total of eighteen horses. The wise man gave the oldest son a half of the eighteen horses, nine horses. The middle son got **one third**, six horses. And the youngest son got **one ninth**, two horses. He said, "Nine plus six plus two is seventeen. Now you can return the eighteenth horse to your neighbor." In the end, everyone received the right number of horses!

구문해석 Clear

분수 표현

영어에서 분수는 「기수(분자) + 서수(분모)」로 표현한다. one half는 1/2을, one third는 1/3을 의미한다.

3행 **My oldest son gets one half of the horses, / my middle son gets one third of the horses, / and my youngest son gets one ninth of the horses.**

해석 ______________________________

» Answers p.34

1 세 아들이 받을 말의 비율과 받은 말의 수를 연결하시오.

	유언	받은 말
(1) the oldest son •	• ⓐ 1/9 •	• ⓓ six horses
(2) the middle son •	• ⓑ 1/2 •	• ⓔ two horses
(3) the youngest son •	• ⓒ 1/3 •	• ⓕ nine horses

2 세 아들이 유언장을 보고 느꼈을 감정을 나타낼 말로 빈칸에 알맞은 것은?

① excited ② confused ③ bored
④ pleased ⑤ surprised

서술형

3 밑줄 친 a little help가 의미하는 것을 이 글에서 찾아 우리말로 쓰시오.

____

READING MAP

4 이 글의 내용을 바탕으로 Reading Map을 완성하시오.

Problem	The three sons could not ① __________ ② __________ horses by 2, 3, or 9.
Solution	The three sons borrowed ③ __________ horse and made ④ __________ horses. They could divide ⑤ __________ horses by 2, 3, or 9.

WORDS

raise 기르다 farm 농장 leave 남기다 will 유언, 유언장 half 반, 절반 divide *A* by *B* A를 B로 나누다
ask *A* for *B* A에게 B를 요청(부탁)하다 advice 조언, 충고 solve 풀다, 해결하다 neighbor 이웃 borrow 빌리다
a total of 총, 전부 plus 더하기 return 돌려주다 in the end 결국, 마침내 receive 받다 right 정확한, 맞는

26

Science • 152 words

GET READY 비누의 원리를 알고 있나요?

We use soap every day to wash our hands. It removes dirt and takes it away. Have you ever wondered how soap works?

Soap is made up of *molecules, and these molecules have two different parts. **One** part loves water, while **the other** part hates it. When you wash your dirty hands with soap, the water-hating parts attach to the dirt and oil on your hands, while the water-loving parts bind with water. So, the dirt and oil become surrounded by soap molecules, and they form tiny clusters. (A) These clusters are washed away when you rinse your hands with water. (B) Your hands are now clean!

(C) If you wash your hands with water only, the dirt and oil on your hands cannot be removed. (D) This is because water and oil do not mix. (E) So, using soap can pollute the environment. Soap works like a bridge between water and oil, so the dirt on your skin can be easily rinsed away.

*molecule 분자

구문해석 Clear

one / the other

두 가지 대상 중 하나를 지칭할 때는 one, 나머지 다른 하나를 지칭할 때는 the other를 쓰고, 각각 '하나'와 '다른 하나'로 해석한다.

7행 **One part loves water, / while the other part hates it.**

해석 ____________________

» Answers p.35

1 What is the passage mainly about?

① what soap is made up of
② how soap removes dirt and oil
③ tips to wash your hands well
④ the relationship between water and oil
⑤ why you should not use too much soap

2 (A)~(E) 중 이 글의 흐름과 관계없는 것은?

① (A) ② (B) ③ (C) ④ (D) ⑤ (E)

서술형

3 비누가 때나 기름기를 쉽게 없앨 수 있는 이유를 이 글에서 찾아 우리말로 쓰시오.

____

READING MAP

4 이 글의 내용을 바탕으로 Reading Map을 완성하시오.

How Soap Works

Soap molecules have two ①(same / different) parts.

Water-hating parts combine with ②(dirt and oil / water).
Water-loving parts combine with ③(dirt and oil / water).

WORDS

soap 비누 remove 제거하다 dirt 때, 먼지 be made up of ~로 구성되다 hate 싫어하다 attach 달라붙다 oil 기름 bind 뭉치다, 묶다 surround 둘러싸다 form 형성하다 tiny 작은 cluster 무리 mix 섞이다 pollute 오염시키다 environment 환경 bridge 다리 skin 피부 rinse away 씻어내다

27

Economy • 187 words

GET READY 은행에서 돈을 많이 찍으면 무슨 일이 일어날까요?

Money is an important part of our lives. Many people work hard to earn money, but **few** people ever think that they have enough. So, why don't we just print more money? Then everyone will have enough! This probably sounds like a silly idea, but it actually happened in Germany.

After Germany lost World War I, the country had a lot of debt. The German government didn't have enough money, so they came up with a plan. They decided to print a lot of money to pay off the country's debt.

Unfortunately, the more money they printed, the faster its value decreased. Soon, Germany had lots of money, but the amount of goods available was also limited. This made prices increase and led to terrible situations. If a family wanted to buy a loaf of bread, they had to bring a whole bag of money to the bakery. Some people began to find other uses for their worthless money. They used it as wallpaper or burned it instead of firewood.

Germany thought that printing more money would help the country. However, it led to totally unexpected results.

구문해석 Clear

수량형용사 few

수량형용사 few는 '거의 없는'이란 뜻으로 셀 수 있는 명사 앞에 쓰이며 부정의 의미를 나타낸다.

2행 **Many people work hard to earn money, / but few people ever think / that they have enough.**

해석 ______________________________

» Answers p.36

1 What is the passage mainly about?

① the richest country in the world
② the reason we earn money
③ where the Germans used a lot of money
④ many different changes after World War I
⑤ results after printing more money in Germany

2 이 글의 내용과 일치하지 않는 것은?

① 독일은 제1차 세계대전에서 패한 후, 많은 빚을 졌다.
② 독일 정부가 돈을 많이 찍어 내자 돈의 가치가 떨어졌다.
③ 독일에 돈이 많아지면서 물건의 가격은 떨어졌다.
④ 독일 사람들은 벽지 대신 돈을 사용하기도 했다.
⑤ 독일 정부는 돈을 많이 찍어 내면 나라에 도움이 될 것이라고 생각했다.

서술형

3 밑줄 친 a plan이 의미하는 것을 이 글에서 찾아 우리말로 쓰시오.

____

READING MAP

4 이 글의 내용을 바탕으로 Reading Map을 완성하시오.

원인	(1) The German government had a lot of ① __________. (2) They printed more ② __________.
결과	(1) Germany had ③(more / less) money. ↓ (2) The value of the money ④(increased / decreased). ↓ (3) The prices ⑤(increased / decreased).

WORDS

earn (돈을) 벌다 silly 어리석은 actually 실제로 debt 빚 government 정부 come up with ~을 생각해 내다
pay off ~을 다 갚다 unfortunately 유감스럽게도 value 가치 decrease 감소하다 goods 상품, 제품 available 이용할 수 있는
limited 제한된 increase 증가하다 terrible 끔찍한 situation 상황 loaf 빵 한 덩이 whole 전부의 worthless 가치 없는
wallpaper 벽지 burn 태우다 firewood 장작 totally 완전히 unexpected 예기치 않은 result 결과

28

Environment • 158 words

GET READY 평소에 자주 사용하는 일회용품은 무엇인가요?

After a picnic in the park, people usually throw away their paper cups, wooden chopsticks, and plastic plates. Disposable tableware is very convenient, but it creates a lot of waste. To solve this environmental problem, a Polish company has started making special plates.

The plates are special because they are made from plant-based raw materials and don't contain any chemicals. ____________, when your meal is finished, you can safely eat them. Since they are made from *wheat bran, they taste like bread! If you don't want to eat your plates, just throw them into the trash can! Doesn't that hurt our environment? No! The plates will fully **decompose within just 30 days without creating any pollution.

Besides, the plates are very useful. Unlike most disposable tableware, these plates can be safely used in the oven and the microwave. You can serve **both** hot **and** cold food on them.

Next time, try these eco-friendly plates to help our environment!

*wheat bran 밀기울(밀의 찌꺼기) **decompose 부패되다

구문해석 Clear

both *A* and *B*

「both *A* and *B*」는 'A와 B 둘 다'로 해석한다.

13행 **You can serve both hot and cold food / on them.**

해석 ____________________

>> Answers p.37

1 What is the best title for the passage?

① Ways to Reduce Food Waste
② How to Make Disposable Plates
③ Disposable Tableware for a Picnic
④ Special Plates to Help the Environment
⑤ Tips for Having a Successful Picnic

2 빈칸에 들어갈 말로 알맞은 것은?

① Instead ② Therefore ③ For example
④ Likewise ⑤ However

서술형

3 빈칸에 알맞은 말을 이 글에서 찾아 한 단어로 쓰시오.

_______________ tableware is designed to be thrown away after use.

READING MAP

4 이 글의 내용을 바탕으로 Reading Map을 완성하시오.

Advantages of the Special Plates

1	They are made from ① __________ __________.	→	People can ② __________ them.
2	They fully ③ __________ within 30 days.	→	They don't ④ __________ the environment.
3	They are ⑤ __________.	→	People can serve any kinds of food on them.

WORDS

throw away 버리다 wooden chopsticks 나무젓가락 plate 접시 disposable 일회용의 tableware 식기류 convenient 편리한 waste 쓰레기 environmental 환경의 Polish 폴란드의 company 회사 raw material 원료 contain 포함하다 chemical 화학물질 pollution 오염 unlike ~와 달리 microwave 전자레인지 serve (음식을) 차려 내다, 제공하다 eco-friendly 친환경적인

UNIT 7 Review Test

| 어휘 Review |

A 다음 단어에 해당하는 영영 풀이를 연결하시오.

1 mix •　　• ⓐ to get money by working
2 earn •　　• ⓑ to put, send, or take something back
3 return •　　• ⓒ to put different things together to make one thing
4 contain •　　• ⓓ to have something inside

B 빈칸에 알맞은 단어를 〈보기〉에서 골라 쓰시오.

보기　remove　environment　unexpected　raise

1 My grandfather used to ______________ many animals on his farm.
2 Please ______________ the mud from your shoes.
3 The experiment produced some ______________ results.
4 We have to protect the ______________ from pollution.

C 우리말과 일치하도록 빈칸에 알맞은 말을 쓰시오.

1 Water is ____________ ____________ ____________ hydrogen and oxygen.
물은 수소와 산소로 구성된다.

2 Lack of sleep can ____________ ____________ health problems.
수면 부족은 건강 문제로 이어질 수 있다.

3 It was a difficult decision, but ____________ ____________ ____________, she decided to do the work.
그것은 어려운 결정이었지만, 결국 그녀는 그 일을 하기로 결정했다.

4 We should ____________ our parents ____________ advice.
우리는 부모님에게 조언을 요청해야 한다.

구문 Review

A **밑줄 친 부분의 해석을 쓰시오.**

1 both cold and warm climates — 추운 기후와 따뜻한 기후 ____________

2 few friends — 친구가 ____________

3 one fifth of the horses — 말들 중 ____________

B **밑줄 친 부분을 바르게 해석하시오.**

1 My daughter gets a half of my property, and my son gets one third of it.
→ 내 딸은 내 재산의 ____________을 받고, 내 아들은 그것의 ____________을 받는다.

2 There are two boxes on the table. One box is blue, and the other one is red.
→ 탁자 위에 상자 두 개가 있다. ____________ 파란색이고, ____________ 빨간색이다.

3 Few people know about his invention.
→ 그의 발명에 대해 ____________.

서술형

C **우리말과 일치하도록 괄호 안의 단어들을 배열하여 문장을 완성하시오.**

1 그 식당은 한국 음식과 중국 음식을 둘 다 제공한다. (Chinese, Korean, both, and)
→ The restaurant serves ____________ food.

2 두 그룹이 있다. 한 그룹은 일본 출신이고, 다른 하나는 중국 출신이다. (China, is, from, the other)
→ There are two groups. One is from Japan, and ____________.

구문 Summary
- 분수는 「기수 + 서수」로 표현하고, 셀 수 있는 명사 앞에 쓰인 few는 '거의 없는'이라고 해석한다.
- 둘 중 하나를 가리킬 때는 one, 나머지 하나를 가리킬 때는 the other를 쓴다. both *A* and *B*는 'A와 B 둘 다'라고 해석한다.

UNIT 8

Information

29 기내식은 맛있을까?

비교급

GUESS & CHECK

expect	☐ 추측하다	☐ 기대하다
air pressure	☐ 수압	☐ 기압
flavor	☐ 맛	☐ 재료
noise	☐ 소음	☐ 정적
tasty	☐ 맛있는	☐ 맛없는

Lesson

30 연필이 보내는 메시지

비교급 강조

GUESS & CHECK

advice	☐ 광고	☐ 충고
dull	☐ 뾰족한	☐ 무딘
eraser	☐ 연필깎이	☐ 지우개
mistake	☐ 실수	☐ 고통
appearance	☐ 내면	☐ 외모

Nature

31 거인을 위한 채소

배수 비교

GUESS & CHECK

pumpkin	▢ 양배추	▢ 호박
giant	▢ 거대한	▢ 무서운
regular	▢ 특별한	▢ 보통의
climate	▢ 기후	▢ 재배 환경
growth	▢ 조화	▢ 성장

Psychology

32 당신의 미각을 믿으시나요?

the + 비교급 ~, **the** + 비교급 ...

GUESS & CHECK

expensive	▢ 비싼	▢ 값이 싼
experiment	▢ 경험	▢ 실험
price	▢ 가격	▢ 가치
quality	▢ 품질	▢ 양
contain	▢ 제외하다	▢ 포함하다

29

Information • 165 words

GET READY 비행기에서 먹는 음식은 맛이 다를까요?

When you travel by plane, you probably expect to eat in the sky. But you may be disappointed when you taste the meal. Why is the food not **as** good **as** you expected?

When you fly in the sky, the air pressure in the plane becomes **lower than** on the ground. The low air pressure reduces the taste of sweet and salty flavors, so you can't fully taste the food.

In addition, the air inside the cabin is **drier than** the air we breathe when we're on the ground. In an environment like this, our sense of taste and smell becomes significantly dull.

Our ears also help us taste food. However, the noise level on airplanes is very high. So, it prevents our ears from helping us taste the food. This causes the food to be less tasty.

Ironically, the airline food actually contains **more** salt and sugar **than** regular food to make it more delicious! But even this doesn't make the food more tasty!

구문해석 Clear

비교급

「as+형용사/부사+as」는 '~만큼 …한'이라고 해석하고, 「형용사/부사의 비교급+than」은 '~보다 더 …한/하게'라고 해석한다. as와 than 다음에는 비교하는 대상이 온다.

4행 **Why is the food not as good / as you expected?**

해석 ______________________________

6행 **The air pressure in the plane / becomes lower / than on the ground.**

해석 ______________________________

›› Answers p.39

1 What is the passage mainly about?

① who cooks airline food
② what we can eat on airplanes
③ various kinds of airline food
④ tips for enjoying the food on airplanes
⑤ why airline food doesn't taste good

2 기내에서 먹는 음식의 맛에 영향을 미치는 감각으로 이 글에서 제시된 것을 모두 고르면?

① 시각 ② 청각 ③ 후각
④ 미각 ⑤ 촉각

서술형

3 빈칸에 알맞은 말을 이 글에서 찾아 쓰시오.

In the plane, people can't taste the food well. The airline thinks that more ____________ and ____________ can make airline food tastier.

READING MAP

4 빈칸에 알맞은 말을 이 글에서 찾아 적절한 형태로 바꿔 쓰시오.

What affects the ①__________ of airline food

1	the ②__________ air pressure in the airplane
2	the ③__________ air inside the cabin
3	the ④__________ noise level on the airplane

WORDS

expect 기대하다 disappointed 실망한 taste 맛보다; 맛 meal 식사 air pressure 기압 ground 땅, 지면 reduce 감소시키다 salty 짠 flavor 맛 fully 완전히 cabin 선실 breathe 호흡하다 environment 환경 significantly 상당히 dull 둔한 noise 소음 prevent *A* from *B* A가 B하는 것을 막다 tasty 맛있는 ironically 반어적으로 contain 포함하다 regular 일반적인, 보통의

30

GET READY 연필의 특징은 무엇인가요?

Guess what! I'm long and thin, and usually made of wood. I have a sharp black point at one end. People use me to write or draw. Who am I? Yes, I'm a pencil, and I want to give you some advice.

When I become dull, I need to be sharpened. Inside a pencil sharpener, I feel pain, but I get **much** sharper and better than before. (①) If you learn to overcome hard times like me, it will make you a better person!

I often make mistakes, but I don't worry about them. (②) It is because I can fix them with my good friend, the eraser. (③) We all make mistakes and can learn from them while we are trying to fix them.

Can you guess which part of me is the most important? (④) Is it my color, length, or thickness? No. The most important part of me is the *graphite inside. (⑤) It is **even** more important than your appearance or your clothes. So remember to improve what's inside you every day.

*graphite 흑연

구문해석 Clear

비교급 강조

much, even, still, far 등이 비교급 앞에 나올 경우 비교급을 강조하여 '훨씬'이라고 해석한다.

4행 **Inside a pencil sharpener, I feel pain, / but I get much sharper and better than before.**

해석 ______________________________

14행 **It is even more important / than your appearance or your clothes.**

해석 ______________________________

» Answers p.40

1 What is the purpose of the passage?

① to advertise good pencils
② to tell you how to use a pencil
③ to say sorry for the mistakes
④ to give people some advice
⑤ to introduce the pencil's new friend

2 이 글을 잘못 이해한 학생을 모두 고르면?

- **지민**: 우리도 연필처럼 시련을 이겨 낸 후, 더 나은 사람이 될 수 있어.
- **정국**: 연필도 틀리거나 실수하는 것을 두려워하나 봐.
- **윤정**: 연필은 지우개가 있어서 실수를 해도 괜찮지만, 우리는 실수를 바로 잡을 수 없어.
- **호석**: 연필의 외형이 중요하듯이 우리도 겉모습을 가꾸는 데 더욱 신경 써야 해.

① 지민, 정국
② 정국, 윤정
③ 윤정, 호석
④ 지민, 정국, 호석
⑤ 정국, 윤정, 호석

3 이 글의 ①~⑤ 중 다음 문장이 들어갈 위치로 알맞은 곳은?

Your most important part is also inside.

① ② ③ ④ ⑤

READING MAP

4 연필이 각각 비유하는 것을 이 글에서 찾아 빈칸에 알맞은 말을 쓰시오.

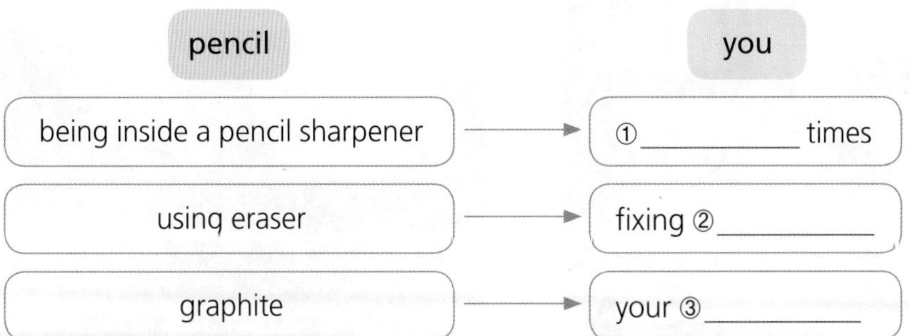

WORDS

thin 가는, 얇은 be made of ~으로 만들어지다 sharp 날카로운 point (사물의 뾰족한) 끝 draw 그리다 advice 충고 dull 무딘, 예리하지 못한 sharpen 날카롭게 하다, 깎다 inside ~의 안에; 내면, 내부 pencil sharpener 연필깎이 pain 고통 overcome 극복하다 make a mistake 실수하다 eraser 지우개 fix 바로 잡다, 고치다 length 길이 thickness 두께 appearance 겉모습 improve 향상시키다, 개선하다

31

Nature • 156 words

GET READY 지금까지 본 채소 중 가장 큰 것은 무엇인가요?

Do you remember the pumpkin in *Cinderella*? A small pumpkin was magically turned into a big pumpkin carriage. But, in Alaska, you can make a big pumpkin without any magic.

The *Alaska State Fair is famous for its giant vegetables. At the Fair, you can see pumpkins that are **100 times bigger than** regular ones. Cabbages are as heavy as people! How can vegetables grow to that size in a cold region?

The secret is the climate of Alaska. Alaska has a very short growing season of only 105 days on average. This makes a poor environment for the growth of vegetables. However, the state is located close to the North Pole, so there are no long dark nights in the summer. Thus, Alaska enjoys up to 20 hours of sunlight every day in the growing season. These long hours of sunlight make the vegetables grow bigger. This is how huge vegetables are grown without magic!

*Alaska State Fair 알래스카 주에서 열리는 박람회

구문해석 Clear

배수 비교

배수사는 twice(두 배), three times(세 배)와 같이 배율을 나타내는 단어로, 「배수사 + 비교급 + than」은 '~보다 몇 배 더 …한'이라고 해석한다.

4행 **At the Fair, you can see pumpkins / that are 100 times bigger than regular ones.**

해석 ______________________

» Answers p.41

1 이 글의 주제로 알맞은 것은?

① 알래스카 기후의 변화
② 호박 마차를 만드는 방법
③ 알래스카 주 박람회의 역사
④ 알래스카 채소의 영양상 특징
⑤ 알래스카에서 채소가 크게 자라는 이유

2 알래스카에 대한 설명 중 이 글과 일치하지 않는 것은?

① 알래스카 주 박람회는 커다란 채소로 유명하다.
② 추운 지역이라 채소를 재배할 수 없다.
③ 여름에 길고 어두운 밤이 없다.
④ 농작물의 재배 기간이 매우 짧다.
⑤ 북극 가까이에 위치해 있다.

서술형

3 밑줄 친 ones가 가리키는 것을 이 글에서 찾아 쓰시오.

____

READING MAP

4 괄호 안에서 알맞은 말을 골라 Reading Map을 완성하시오.

Vegetables in Alaska can grow ①(bigger / smaller).	
Condition 1	Alaska has a ②(short / long) growing season.
Condition 2	Alaska has ③(short / long) hours of sunlight.

WORDS

pumpkin 호박 magically 마법으로 turn into ~로 변하다 carriage 마차 without ~ 없이 state (미국 등에서) 주(州)
fair 박람회 be famous for ~로 유명하다 giant 거대한 regular 보통의, 표준의 cabbage 양배추 region 지역
secret 비밀 climate 기후 growing season 재배 기간 on average 평균적으로 poor 열악한 growth 성장
be located 위치해 있다 close to ~에 가까이 the North Pole 북극 up to ~까지

32

Psychology • 170 words

GET READY 가격이 비싼 음식이 더 맛있다고 생각하나요?

Are expensive things always better? An interesting experiment was held on the street. In the experiment, people were asked to try two different cakes. ⓐ They looked the same, but ⓑ their prices were quite different. One was $15, and the other was $55. When asked which cake tasted better, most people agreed that the $55 cake was better. ⓒ They said that the cheaper one was too dry, but the other cake was moist and delicious. Later, they were surprised to learn that the two cakes were exactly the same. ⓓ They were made in the same way and with the same ingredients.

So why did people think ⓔ they tasted different? Sometimes, we use price to judge the quality of a product. We assume that (the quality, the higher, the price, is, the better, is). In this case, people assumed that the more expensive cake contained better ingredients or came from a famous bakery. Therefore, most people in the experiment believed that **the more expensive** the cake was, **the better** it would taste.

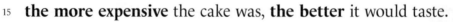

구문해석 Clear

the + 비교급 ~, the + 비교급 ...

「the + 비교급 ~, the + 비교급 ...」은 '~하면 할수록 더 …하다'라고 해석한다.

14행 **Therefore, most people in the experiment believed / that the more expensive the cake was, / the better it would taste.**

해석 ______________________________

» Answers p.42

1 이 글에 나온 실험의 목적으로 가장 알맞은 것은?

① to promote the new cakes
② to inform the proper price for the cake
③ to find out what kind of cake people like
④ to find out the influence of price on taste
⑤ to inform the importance of fresh ingredients

2 밑줄 친 ⓐ~ⓔ 중 가리키는 대상이 다른 하나는?

① ⓐ ② ⓑ ③ ⓒ ④ ⓓ ⑤ ⓔ

서술형

3 우리말과 일치하도록 괄호 안의 단어들을 순서대로 배열하여 쓰시오.

우리는 가격이 높으면 높을수록 품질이 더 좋다고 추정한다.

____

READING MAP

4 이 글의 내용과 일치하도록 괄호 안에서 알맞은 말을 고르시오.

실험	(동일한 / 다른) 두 케이크에 (동일한 / 다른) 가격표를 붙인 후, 사람들에게 맛을 평가하게 함
결과	사람들은 가격이 (비쌀 / 쌀)수록 케이크가 더 (맛있다 / 맛없다)고 느낌

WORDS

expensive 비싼 experiment 실험 price 가격 quite 꽤, 상당히 agree 동의하다 dry 건조한, 마른 moist 촉촉한 delicious 맛있는 exactly 정확히 ingredient 재료 judge 판단하다 quality 품질 product 상품 assume 추정하다 case 경우 contain 포함하다, ~이 들어 있다 bakery 빵집

UNIT 8 Review Test

어휘 Review

A 각 단어의 반대되는 의미를 가진 단어를 〈보기〉에서 골라 쓰시오.

보기 dull giant moist thin

1 sharp ↔ ________________
2 dry ↔ ________________
3 thick ↔ ________________
4 tiny ↔ ________________

B 괄호 안에서 알맞은 말을 고르시오.

1 Don't judge a person by his (appearance / mind).
2 The noise (prevents / causes) the food to be less tasty.
3 I think that the (quality / effort) of the product is more important than price.
4 The cold (climate / influence) provides the vegetables with a poor environment.

C 우리말과 일치하도록 〈보기〉에서 알맞은 말을 골라 올바른 형태로 바꿔 쓰시오.

보기 be famous for turn into be located make a mistake

1 알래스카는 북극 가까이에 위치해 있다.
→ Alaska ________________ ________________ close to the North Pole.

2 모든 사람들이 실수를 하지만, 그것은 삶의 일부이다.
→ Everyone ________________ ________________ ________________, but it is a part of life.

3 만약 네가 개구리에게 키스하면, 그는 왕자로 변할 것이다.
→ If you kiss a frog, he will ________________ ________________ a prince.

4 이 산은 아름다운 경치로 유명하다.
→ This mountain ________________ ________________ ________________ its beautiful scenery.

구문 Review

A 밑줄 친 부분의 해석을 쓰시오.

1 much longer than the pencil　　연필보다 ______________ 더 긴

2 three times taller than this tree　　이 나무보다 ______________

3 as handsome as you expected　　______________ 잘생긴

B 밑줄 친 부분을 바르게 해석하시오.

1 The more you practice, the better you will do.

→ ______________, 너는 더 잘하게 될 것이다.

2 The airplane is faster than the train.

→ 비행기는 ______________.

3 This new pencil is even stronger and better than the old one.

→ 이 새 연필은 예전 것보다 ______________.

서술형

C 우리말과 일치하도록 괄호 안의 단어들을 배열하여 문장을 완성하시오.

1 이 호박들은 보통의 호박보다 열 배 더 크다. (ten times, are, than, bigger)

→ These pumpkins ______________ regular ones.

2 사람들은 음식이 더 비쌀수록 더 맛이 좋다고 생각한다. (the, expensive, the food, more, is)

→ People think that ______________, the better it tastes.

구문 Summary
- 「형용사/부사의 비교급 + than」은 '~보다 더 …한/하게'라는 의미이고, 「as + 형용사/부사의 원급 + as」는 '~만큼 …한/하게'라는 의미이다. 비교급을 강조할 때는 much, even, far 등을 써서 '훨씬'이라고 해석한다.
- 「배수사 + 비교급 + than」은 '~보다 … 배 더 ~한'이라는 의미이고, 「the + 비교급 ~, the + 비교급 …」은 '~하면 할수록 더 …하다'라고 해석한다.

MEMO

MEMO

MEMO

문장 해석과 지문 이해를 한 번에 끝내는 **리딩 클리어**

READING CLEAR

ANSWERS 2

동아출판

동아영어콘텐츠연구팀

READING CLEAR 2

ANSWERS

UNIT 1

GUESS & CHECK

01 사진을 찍다 / 표현하다 / 발명하다 / 인기 있는 / 공유하다
02 비밀 / 벽돌 / 더하다 / 끈적끈적한 / 섞다
03 해결하다 / 도둑 / 선원 / 거꾸로 / 매달다
04 무게가 ~이다 / 얇은 / 바닥 / 공격적인 / 공격하다

01 우리 셀카 찍을래?

pp. 8~9

구문해석 Clear 요즘 너는 사람들이 자신의 모습을 찍고 있는 것을 볼 수 있다 / 어디서나

1 ⑤ **2** ④ **3** record, share **4** ① popular ② smartphones ③ SNS

해설 **1** 본문은 셀카를 찍는 것이 사람들에게 인기를 끌게 된 이유를 설명하고 있다.
해석 ① 셀카를 잘 찍는 방법 ② 셀카를 찍기 시작한 때 ③ SNS에 셀카를 올리는 것의 이점
④ 사람들이 찍는 셀카의 수 ⑤ 셀카가 인기를 얻게 된 이유

2 ④ SNS에 사진을 올리는 구체적인 방법은 언급되지 않았다.

3 셀카를 SNS에 올리는 것은 추억을 기록하고(record) 공유하는(share) 방법이라고 했다.
해석 Q: 사람들은 왜 셀카를 SNS에 올리는가?
A: 그들은 추억을 기록하고 다른 사람들과 그것을 공유하고 싶어 한다.

4 해석 무엇이 요즘 셀카를 인기 있게 하는가?
1. 사람들은 스마트폰으로 쉽게 셀카를 찍을 수 있다.
2. 사람들은 SNS에서 다른 사람들과 셀카를 공유할 수 있다.

직독 직해

❶ These days, you can **see people taking** pictures of themselves / everywhere.
요즘 당신은 사람들이 자신의 모습을 찍는 것을 볼 수 있다 / 어디서나
Many people like taking selfies. Why have selfies become so popular?
많은 사람들은 셀카 찍는 것을 좋아한다 / 셀카는 왜 인기를 끌게 되었는가
❷ First of all, we **enjoy expressing ourselves.** Long ago, before cameras were invented, / people had a similar way of taking selfies. How? They painted self-portraits. Of course, this took a long time / and required great skill.
무엇보다도 우리는 스스로를 표현하기를 즐긴다 / 오래 전 카메라가 발명되기 전에 / 사람들은 셀카를 찍는 것과 유사한 방식이 있었다 / 어떻게 / 그들은 자화상을 그렸다 / 물론 이것은 시간이 오래 걸렸다 / 그리고 엄청난 기술을 필요로 했다
❸ Nowadays, **thanks to** smartphones, / people can easily take photos of themselves. It's quick, convenient, and fun!
요즘은 스마트폰 덕분에 / 사람들이 자신의 사진을 쉽게 찍을 수 있다 / 그것은 빠르고 편하고 재미있다
Selfies also became very popular / thanks to SNS.
셀카는 또한 매우 인기를 얻었다 / SNS 덕분에
❹ In the past, we put photos in photo albums / **to keep** our memories.
과거에 우리는 사진을 사진첩에 넣었다 / 추억을 간직하기 위해
❺ Today, we take selfies **to capture** special moments / and post them on our SNS. We share our thoughts and feelings about selfies / with others online.
오늘날 우리는 특별한 순간을 포착하기 위해 셀카를 찍는다 / 그리고 그것들을 SNS에 올린다 / 우리는 셀카에 대한 우리의 생각과 감정을 공유한다 / 온라인상에서 다른 사람들과
❻ In other words, / **taking selfies is** more than just a way **to record** our memories. / It is also a way of sharing them / with others.
다시 말해서 / 셀카를 찍는 것은 우리의 추억을 기록하는 방법 그 이상이다 / 그것은 또한 그것들을 공유하는 방법이다 / 다른 사람들과

구문 풀이

❶ see + 목적어 + -ing: (목적어)가 ~하고 있는 것을 보다

❷ enjoy는 동명사를 목적어로 취하는 동사
주어(we)와 목적어가 동일하여 재귀대명사 ourselves를 사용

❸ thanks to: ~ 덕분에

❹, ❺ to부정사의 부사적 용법으로 '~하기 위해서'라는 의미의 목적을 나타냄

❻ 주어로 쓰인 동명사구 taking selfies는 단수 취급하여 단수 동사 is가 쓰임
to record는 to부정사의 형용사적 용법으로 앞에 나온 명사 a way를 수식함

해석 요즘, 당신은 사람들이 어디서나 자신의 모습을 찍고 있는 것을 볼 수 있다. 많은 사람들은 셀카 찍는 것을 좋아한다. 셀카는 왜 인기를 끌게 되었는가?
무엇보다도, 우리는 스스로를 표현하기를 즐긴다. 오래 전, 카메라가 발명되기 전에 사람들은 셀카를 찍는 것과 유사한 방식이 있었다. 어떻게?

그들은 자화상을 그렸다. 물론, 이것은 시간이 오래 걸렸고, 엄청난 기술을 필요로 했다. 요즘은 스마트폰 덕분에 사람들이 자신의 사진을 쉽게 찍을 수 있다. 그것은 빠르고 편하고 재미있다!

셀카는 또한 SNS 덕분에 매우 인기를 얻었다. 과거에 우리는 추억을 간직하기 위해 사진을 사진첩에 넣었다. 오늘날 우리는 특별한 순간을 포착하기 위해 셀카를 찍고, 그것들을 SNS에 올린다. 우리는 온라인상에서 셀카에 대한 우리의 생각과 감정을 다른 사람들과 공유한다. 다시 말해서, 셀카를 찍는 것은 단지 우리의 추억을 기록하는 방법 그 이상이다. 그것은 또한 다른 사람들과 그것들(추억)을 공유하는 방법이기도 하다.

02 만리장성의 숨겨진 비밀

pp. 10~11

구문해석 Clear 벽돌 사이에 그것을 사용하는 것은 / 만리장성을 강하고 오래 견디게 만들었다

1 ④ **2** (1) T (2) F **3** ① **4** survived, sticky rice, stronger

해설 1 ④ '만리장성을 짓는 데 얼마나 걸렸는가?'에 대한 답은 이 글에서 찾을 수 없다.

해석 ① 세계에서 가장 긴 건축물은 무엇인가? ② 무엇이 만리장성을 그토록 오랫동안 남아 있게 했는가?
③ 고대 중국인들은 보통 회반죽에 무엇을 추가했는가? ⑤ 특별한 회반죽으로 어떤 건축물이 지어질 수 있었는가?

2 (1) 찹쌀 회반죽은 마르면서 보통의 회반죽보다 훨씬 더 강력해진다고 했다.
(2) 중국에서 찹쌀이 중요한 음식이었기 때문에 궁전이나 사원과 같은 특별한 건축물에만 쓰였다고 했다.

3 (A) 만리장성을 짓는 데 많은 비용이 들었다는 내용은 이 글의 흐름상 어색하다.

4 해석 만리장성은 오랫동안 살아남았다. 이 견고함의 비밀은 찹쌀이다. 사람들은 보통의 회반죽에 그것을 추가해서 이 회반죽은 훨씬 더 강해졌다. 그들은 그것을 만리장성을 짓는 데 사용했다.

직독 직해

The Great Wall of China is the longest structure / in the world. ❶ It **has**
만리장성은 가장 긴 구조물이다 세계에서 그것은 강한
survived strong earthquakes and other disasters / for thousands of years.
지진과 다른 재해를 견뎌왔다 수천 년 동안
(It cost a lot of money / to build the Great Wall of China.) ❷ Are you
많은 돈이 들었다 만리장성을 짓는 데 당신은 그 비밀에 대해
curious about the secret / **that keeps the Great Wall of China so strong**?
궁금한가 만리장성을 매우 견고하게 하는
Recently, researchers found the secret. ❸ **To hold** bricks together, /
최근에 연구자들은 그 비밀을 알아냈다 벽돌을 조립하기 위해
construction workers use mortar, / but the ancient Chinese added something
건설 인부들은 회반죽을 사용한다 하지만 고대 중국인들은 그것에 무언가를 추가했다
to it. It was sticky rice! They boiled rice / until it became sticky, / and
그것은 찹쌀이었다 그들은 쌀을 끓였다 그것이 끈적끈적해질 때까지 그러고 나서
then mixed it with the mortar. ❹ When this sticky rice mortar dried, / it
그것을 회반죽과 함께 섞었다 이 찹쌀 회반죽이 마르면 그것은
was **much stronger** than regular mortar. ❺ Using it between the bricks /
보통의 회반죽보다 훨씬 더 강력해졌다 벽돌 사이에 그것을 사용하는 것은
made the Great Wall of China strong and durable. But, sticky rice was
만리장성을 강하고 오래 견디게 만들었다 그러나 찹쌀은 중국에서 중요한
an important food in China. Therefore, sticky rice mortar was only used for
음식이었다 그러므로 찹쌀 회반죽은 특별한 구조물에만 사용되었다
special structures, / such as palaces and temples. Thanks to the wisdom of
궁전과 사원과 같은 고대 중국인들의 지혜 덕분에
the ancient Chinese, / the Great Wall of China is still standing after all these
만리장성은 오랜 세월이 지나도 여전히 서 있다
years.

구문 풀이

❶ 현재완료(has survived)를 사용하여 과거부터 현재까지 '견뎌왔다'라는 의미를 나타냄

❷ that은 the secret을 선행사로 하는 주격 관계대명사
keep+목적어+형용사: ~가 …하게 유지하다

❸ to부정사의 부사적 용법으로 '~하기 위해서'로 해석

❹ much는 '훨씬'이라는 의미로 비교급을 강조

❺ make+목적어+형용사: ~가 …하게 만들다

해석 만리장성은 세계에서 가장 긴 구조물이다. 그것은 수천 년 동안 강한 지진과 다른 재해를 견뎌왔다. (만리장성을 짓는 데 많은 돈이 들었다.) 당신은 만리장성을 매우 견고하게 하는 비밀에 대해 궁금한가?

최근에 연구자들은 그 비밀을 알아냈다. 벽돌을 조립하기 위해 건설 인부들은 회반죽을 사용하지만, 고대 중국인들은 그것에 무언가를 추가했다. 그것은 찹쌀이었다! 그들은 쌀이 끈적끈적해질 때까지 그것을 끓여서 회반죽과 함께 섞었다. 이 찹쌀 회반죽이 마르면, 그것은 보통의 회반

죽보다 훨씬 더 강력해졌다. 그것을 벽돌 사이에 사용하는 것이 만리장성을 강하고 오래 견디게 만들었다. 그러나 찹쌀은 중국에서 중요한 음식이었다. 그러므로 찹쌀 회반죽은 궁전과 사원과 같은 특별한 구조물에만 사용되었다. 고대 중국인들의 지혜 덕분에, 만리장성은 오랜 세월이 지나도 여전히 서 있다.

03 누가 범인일까?

pp. 12~13

구문해석 Clear 이 이야기를 읽어라 / 그리고 추측해 봐라 / 누가 도둑인지

1 ② 2 ③ 3 who had his ring 4 ① kitchen ② dinner ③ engineer ④ fixing

해설 1 선장의 반지를 훔쳐간 범인을 찾는 내용의 글이므로 ② '누가 반지를 훔쳤는가?'가 제목으로 알맞다.

해석 ① 누가 선장인가? ③ 국기란 무엇인가? ④ 요리사는 무엇을 준비했는가? ⑤ 누가 반지의 주인인가?

2 앞 문장에서 일본 국기의 특징을 설명했으므로 it이 가리키는 것은 ③ '일본 국기'이다.

해석 ① 빨간색 원 ② 선장의 반지 ④ 항해사의 반지 ⑤ 일본 배

3 「의문사 주어(who) + 동사(had) + 목적어(his ring)」의 간접의문문이 knew의 목적어 역할을 한다.

4 해석

누가	어디에서	무엇을
요리사	주방에서	그는 저녁을 준비하고 있었다.
기관사	기관실에서	그는 모든 것이 잘 돌아가고 있는지 확인하고 있었다.
항해사	돛대 위에서	그는 국기를 고쳐 달고 있었다.

직독 직해

Are you good at solving mysteries? ❶ Read this story / and try to guess / **who the thief is.**
당신은 미스터리를 해결하는 데 능숙한가 / 이 이야기를 읽어라 / 그리고 추측해 봐라 / 누가 도둑인지

A Japanese ship was on its way out to sea. The captain took his ring off, / and put it on a table. Then he left the room. ❷ When he returned ten minutes later, / the ring **was gone.** He suspected three crew members, / so he asked each of them, "What were you doing ten minutes ago?"
일본 배 한 척이 바다로 나가는 중이었다 / 선장은 자신의 반지를 뺐다 / 그리고 그것을 탁자 위에 놓았다 그러고 나서 그는 방에서 나갔다 / 그가 10분 뒤에 돌아왔을 때 / 반지는 사라지고 없었다 / 그는 선원 세 명이 의심스러웠다 / 그래서 그들 각각에게 물었다 / 10분 전 당신은 무엇을 하고 있었는가

The cook said, / "I was in the kitchen. I was preparing tonight's dinner."
요리사는 말했다 / 나는 주방에 있었다 / 오늘 저녁을 준비하고 있었다

The engineer said, "I was in the engine room. ❸ I was checking **that** everything was running smoothly."
기관사는 말했다 / 나는 기관실에 있었다 / 모든 것이 순조롭게 돌아가고 있는지 확인하고 있었다

❹ The sailor said, / "I was on the mast. I was fixing our national flag / **because** it was upside down."
항해사가 말했다 / 나는 돛대 위에 있었다 / 나는 국기를 고쳐 달고 있었다 / 그것이 거꾸로 뒤집혀 있었기 때문에

The captain immediately knew / who had his ring. Do you know, too?
선장은 즉시 알아차렸다 / 누가 자신의 반지를 갖고 있는지 / 당신도 알겠는가

The thief was clearly the sailor. Why? Because it was a Japanese ship.
범인은 분명히 항해사였다 / 왜 그럴까 / 그것은 일본 배였기 때문이었다

The Japanese national flag is white / with a single red circle in the middle.
일본 국기는 흰색이다 / 중앙에 빨간색 원이 하나 있는

❺ **It** is impossible / **to hang** it upside down.
불가능하다 / 그것을 거꾸로 매다는 것은

구문 풀이

❶ 「의문사 + 주어 + 동사」의 간접의문문

❷ was gone은 「be동사 + 과거분사」의 수동태로 '없어졌다'의 의미임

❸ that은 명사절을 이끄는 접속사로 that 이하는 동사의 목적어 역할을 함

❹ because + 주어 + 동사: ~ 때문에

❺ It은 가주어이고, to hang 이하가 진주어로 쓰인 문장

해석 당신은 미스터리를 해결하는 데 능숙한가? 이 이야기를 읽고 누가 도둑인지 추측해 봐라.

일본 배 한 척이 바다로 나가는 중이었다. 선장은 자신의 반지를 빼서 그것을 탁자 위에 놓았다. 그러고 나서 그는 방에서 나갔나. 그가 10분 뒤에 돌아왔을 때, 반지는 사라지고 없었다. 그는 선원 세 명이 의심스러워서 그들 각각에게 물었다. "10분 전 당신은 무엇을 하고 있었나?"
"저는 주방에 있었습니다. 오늘 저녁을 준비하고 있었지요."라고 요리사가 말했다.
"저는 기관실에 있었습니다. 모든 것이 순조롭게 돌아가고 있는지 확인하고 있었습니다."라고 기관사가 말했다.
"저는 돛대 위에 있었습니다. 국기가 거꾸로 뒤집혀 있어서 그것을 고쳐 달고 있었어요."라고 항해사가 말했다.
선장은 누가 자신의 반지를 갖고 있는지 즉시 알아차렸다. 당신도 알겠는가?
범인은 분명히 항해사였다. 왜 그럴까? 그것은 일본 배였기 때문이었다. 일본 국기는 흰색인데 중앙에 빨간색 원이 하나 있다. 그것을 거꾸로 매다는 것은 불가능하다.

04 하마, 어디까지 아니?

pp. 14~15

구문해석 Clear 너는 하마가 무엇을 먹는다고 생각하는가?

1 ④ **2** ② **3** that **4** ① 느릴 ② 달릴 ③ 수영 ④ 걸어서 ⑤ 풀 ⑥ 공격적

해설 **1** 이 글은 사람들이 하마에 대해 잘못 알고 있는 사실에 대한 내용으로 ④ '하마에 관한 진실과 거짓'이 제목으로 알맞다.

해석 ① 하마의 일상생활 ② 하마가 물속에서 수영하는 방법
③ 세상에서 가장 빠른 동물 ⑤ 하마: 동물원의 위험한 동물

2 ② 하마는 먹이를 먹을 때를 제외하고는 물속에서 대부분의 시간을 보낸다고 했다.

3 ⓐ many facts about hippos를 선행사로 하는 주격 관계대명사의 자리로 that이 알맞다.
ⓑ believe의 목적어 역할을 하는 명사절을 이끄는 접속사 that이 알맞다.

직독 직해

What do you know about hippos? ❶ **There are** many facts about hippos / **that** might surprise you.
당신은 하마에 대해 무엇을 알고 있는가 하마에 관한 많은 사실들이 있다 당신을 놀라게 할 수도 있는

Hippos are big animals. Adult hippos are three meters long / and weigh three tons! ❷ Many people think / **that** hippos are slow, / but they are not.
하마는 큰 동물이다 다 자란 하마는 길이가 3미터이다 그리고 무게는 3톤이다 많은 사람들은 생각한다 하마가 느리다고 그러나 그들은 느리지 않다

Hippos can run / at speeds of up to 32 kilometers per hour. ❸ This means they can run 100 meters / in just 11 seconds.
하마는 달릴 수 있다 시속 32킬로미터까지 이것은 그들이 100미터를 달릴 수 있다는 것을 의미한다 단 11초 안에

Hippos spend most of their time in the water, / except when they eat. So, you may think / that hippos swim well. But, this is not true. Hippos are poor swimmers. They usually relax in shallow waters. When they move in the water, / they walk along the bottom.
하마는 대부분의 시간을 물속에서 보낸다 그들이 먹이를 먹을 때를 제외하고는 그래서 당신은 생각할지도 모른다 하마가 수영을 잘한다고 그러나 이것은 사실이 아니다 하마는 수영을 잘 못한다 그들은 보통 얕은 물에서 휴식을 취한다 그들이 물속에서 이동할 때 그들은 바닥을 따라 걷는다

What do you think hippos eat? Many people believe / that hippos eat meat. ❹ This is incorrect, / **as** hippos feed only on plants. They consume between 30 to 50 kilograms of grass daily. Now that you've learned / that hippos eat only grass, / you might think / that they are friendly. This is false, too.
당신은 하마가 무엇을 먹는다고 생각하는가 많은 사람들은 믿는다 하마가 고기를 먹는다고 이것은 사실이 아니다 하마는 식물만 먹기 때문에 그들은 매일 30~50킬로그램의 풀을 먹는다 당신은 알게 되었으므로 하마가 풀만 먹는다는 것을 당신은 생각할지도 모른다 그들이 우호적이라고 이것 또한 틀리다

In fact, they are very aggressive. ❺ When hippos **get angry**, / they even attack humans.
사실 그들은 매우 공격적이다 하마가 화가 나면 그들은 심지어 인간을 공격한다

구문 풀이

❶ There are + 복수 명사: ~가 있다
that 이하는 선행사 many facts를 수식하는 주격 관계대명사절

❷ that은 think의 목적어 역할을 하는 명사절을 이끄는 접속사

❸ means와 they 사이에 명사절을 이끄는 접속사 that 생략

❹ as는 '~ 때문에'라는 의미의 이유를 나타내는 접속사

❺ get + 형용사: ~하게 되다

해석 당신은 하마에 대해 무엇을 알고 있는가? 하마에 관해서 당신을 놀라게 할 수도 있는 많은 사실들이 있다.

하마는 큰 동물이다. 다 자란 하마는 길이가 3미터이고 무게는 3톤이다! 많은 사람들은 하마가 느리다고 생각하지만, 그들은 느리지 않다. 하마는 시속 32킬로미터까지 달릴 수 있다. 이것은 그들이 100미터를 불과 11초 안에 달릴 수 있다는 것을 의미한다.

하마는 먹이를 먹을 때를 제외하고는 대부분의 시간을 물속에서 보낸다. 그래서 당신은 하마가 수영을 잘한다고 생각할지도 모른다. 그러나 이것은 사실이 아니다. 하마는 수영을 잘 못한다. 그들은 보통 얕은 물에서 휴식을 취한다. 그들은 물속에서 이동할 때 바닥을 따라 걷는다.

당신은 하마가 무엇을 먹는다고 생각하는가? 많은 사람들은 하마가 고기를 먹는다고 믿는다. 하마는 식물만 먹기 때문에 이것은 사실이 아니다. 그들은 매일 30~50킬로그램의 풀을 먹는다. 하마가 풀만 먹는다는 것을 알게 되었으므로 당신은 그들이 우호적이라고 생각할지도 모른다. 이것 또한 틀리다. 사실 그들은 매우 공격적이다. 하마가 화가 나면 심지어 인간을 공격하기도 한다.

Review Test

| 어휘 Review |

A 1 ⓑ 2 ⓒ 3 ⓓ 4 ⓐ B 1 upside down 2 curious 3 convenient 4 friendly

C 1 be good at everything 2 take pictures of our food 3 take off your hat 4 feed on fish

| 구문 Review |

A 1 너의 방을 깨끗하게 2 소녀가 노래하고 있는 것을 3 집이 흔들리고 있는 것을

B 1 너를 강하고 건강하게 만들 2 한 남자가 길을 건너고 있는 것을 3 가장 영리한 동물이 무엇이라고

C 1 where he lives 2 saw him drawing a picture

해설 | **어휘 Review** |

A 해석 1 의심하다 – ⓑ 누군가가 나쁜 무언가를 했다고 믿다

2 발명하다 – ⓒ 처음으로 새로운 무언가를 만들어 내다

3 구조물 – ⓓ 건물이나 다리와 같이 건설된 무언가

4 바닥 – ⓐ 무언가의 가장 낮은 부분

B 해석 1 그 깃발을 거꾸로 매달지 마라.

2 나는 그가 어떻게 그 문제를 해결할 수 있었는지 궁금하다.

3 당신은 어디서든 스마트폰을 사용할 수 있기 때문에 스마트폰은 편리하다.

4 나의 새 학급 친구들은 매우 친절하고 재미있다.

C 1 be good at: ~을 잘하다

2 take pictures of: ~의 사진을 찍다

3 take off: ~을 벗다

4 feed on: ~을 먹고 살다

GUESS & CHECK

05 충전하다 / 명상 / 평화로운 / 규칙적인 / 향상시키다

06 요리사 / 목적 / 주름 / 경험 / 높이

07 식초 / 붓다 / 젓다 / 제거하다 / 냉동고

08 실제의 / 운동선수 / 훈련하다 / 끌어들이다 / 사라지다

05 마음도 충전이 가능한가요?

pp. 20~21

구문해석 Clear 그러나 규칙적인 시간에 명상을 하는 것은 중요하다.

1 ② 2 ⑤ 3 recharge, meditation 4 ① peaceful ② regular ③ close ④ sound ⑤ Five

해설 1 명상을 하는 방법과 그 효과를 설명하는 내용의 글이다.

2 ⑤ 명상의 장점으로 운동 능력의 강화는 언급되지 않았다.

3 해석 Q: 스트레스를 받고 걱정이 되고 우울할 때, 당신은 무엇을 할 수 있는가?
A: 명상으로 당신의 마음을 충전할 수 있다.

4 해석

명상 안내문	
• 어디서?	조용하고 평화로운 곳
• 언제?	아무 때나 그러나 매일 규칙적인 시간에
• 어떻게?	1. 편안하게 앉거나 눕고 눈을 감아라. 2. 심호흡을 하고 숨소리에 귀 기울이고 그것에 집중해라.
• 얼마 동안?	하루에 5분

직독 직해

When your cellphone is low on energy, / you recharge it. But do you know /
휴대 전화에 에너지가 부족할 때 당신은 그것을 충전한다 하지만 알고 있는가
that you can do the same thing with your mind? ❶ Stress, worry, and
당신의 마음에 똑같은 일을 할 수 있다는 것을 스트레스, 걱정 그리고 우울함은
depression can **make your mind tired and confused**. When this happens, /
마음을 지치고 혼란스럽게 만들 수 있다 이런 일이 일어날 때
you can recharge it / through meditation. So, how can you start it?
당신은 그것을 재충전할 수 있다 명상을 통해 그렇다면 당신은 어떻게 그것을 시작할 수 있는가
❷ First, find a place / **to meditate**. It can be anywhere quiet and peaceful.
첫째, 장소를 찾아라 명상할 그곳은 조용하고 평화로운 어느 곳이든지 될 수 있다
Sit or lie down in a comfortable position / and close your eyes. ❸ Then
편안한 자세로 앉거나 누워라 그리고 눈을 감아라 그러고 나서
take deep breaths, / **listen to** the sound of your breathing, / and **focus** on
심호흡을 해라 자신의 숨소리를 들어라 그리고 그것에 집중해라
it. That's all. ❹ However, it is important to meditate / at a regular time, /
그게 전부이다 하지만 명상을 하는 것이 중요하다 규칙적인 시간에
such as just before going to bed / **or** just after waking up. Five minutes of
잠들기 직전과 같은 또는 잠에서 깬 직후 하루에 5분 동안의 명상은
meditation a day is enough for beginners.
초보자들에게 충분하다
❺ Meditation can offer **a number of** benefits. It can help you improve your
명상은 많은 이점을 줄 수 있다 그것은 당신의 기억력을 향상시키는 데 도움을
memory. You can feel relaxed, / and stay positive. ❻ It can also improve
줄 수 있다 당신은 마음이 편해진다 그리고 긍정적인 태도를 유지한다 그것은 또한 집중력을 향상시킬
your ability **to concentrate**. This means / that you'll do better in school. So
수 있다 이것은 의미한다 당신이 학교에서 공부를 더 잘할 거라는 것을
why don't you start recharging your mind / with meditation today?
그러니 마음을 재충전해 보는 것이 어떤가 오늘 명상으로

구문 풀이

❶ make + 목적어 + 형용사: ~가 …하게 만들다

❷ 앞의 명사 a place를 수식하는 to부정사의 형용사적 용법

❸ take, listen to, focus가 등위접속사 and로 연결된 병렬 구조

❹ just before going to bed와 just after waking up이 등위접속사 or로 연결된 병렬 구조

❺ a number of + 복수 명사: 많은 (= many, a lot of)

❻ 앞의 명사 your ability를 수식하는 to부정사의 형용사적 용법

해석 휴대 전화에 에너지가 부족하면 당신은 그것을 충전한다. 하지만 마음에도 똑같은 일을 할 수 있다는 것을 알고 있는가? 스트레스, 걱정, 그리고 우울함은 마음을 지치고 혼란스럽게 만들 수 있다. 이런 일이 일어날 때, 당신은 명상을 통해 재충전할 수 있다. 그렇다면 당신은 어떻게 명상을 시작할 수 있는가?

첫째, 명상할 곳을 찾아라. 그곳은 조용하고 평화로운 어느 곳이든지 될 수 있다. 편안한 자세로 앉거나 누워서 눈을 감아라. 그러고 나서 심호흡을 하고, 자신의 숨소리를 듣고 그것에 집중해라. 그게 전부이다. 하지만 잠들기 직전이나 잠에서 깬 직후와 같은 규칙적인 시간에 명상을 하는 것이 중요하다. 하루에 5분 동안의 명상은 초보자들에게 충분하다.

명상은 많은 이점을 줄 수 있다. 그것은 기억력을 향상시키는 데 도움을 줄 수 있다. 당신은 마음이 편해지고 긍정적인 태도를 유지할 수 있다. 그것은 또한 집중력을 향상시킬 수 있다. 이것은 당신이 학교에서 공부를 더 잘할 거라는 것을 의미한다. 그러니 오늘 명상으로 마음을 재충전해 보는 것이 어떤가?

06 요리사 모자의 비밀

pp. 22~23

구문해석 Clear 일반적이었다 / 주방장이 가장 높은 모자를 쓰는 것은 / 주방에서

1 ⑤ **2** ③ **3** 요리사의 머리카락을 단정하고 깔끔하게 하고, 머리카락이 음식에 빠지는 것을 막아 줌

4 ① folds ② egg ③ rank

해설 **1** 요즘 요리사들이 다양한 종류의 모자를 쓴다고 했지만 그 이유는 나와 있지 않다.

해석 ① 요리사의 모자는 어떻게 생겼는가?

② 요리사들은 왜 높고 하얀 모자를 쓰는가?

③ 과거에 요리사 모자의 주름은 무엇을 의미했는가?

④ 주방에서 누가 가장 높은 모자를 쓸 수 있었는가?

⑤ 왜 요리사들은 다른 종류의 모자를 쓰기 시작했는가?

2 주방장이 가장 높은 모자를 쓴다고 했으므로 높은 모자 덕분에 주방장을 찾는 것이 쉬웠을 것이다.

해석 ① 누구든지 많은 모자를 보는 것

② 주방장이 요리를 잘하는 것

③ 누구든지 주방장을 찾는 것

④ 요리사들이 높고 하얀 모자를 쓰는 것

⑤ 요리사들이 많은 달걀 요리를 하는 것

3 요리사가 모자를 쓰는 '실용적인 목적'은 머리카락을 단정하고 깔끔하게 하고, 음식에 머리카락이 빠지지 않게 하는 것이다.

4 해석 요리사의 모자

주름 – 요리사가 요리할 수 있는 달걀 요리의 개수

높이 – 주방에서의 요리사의 지위

직독 직해

Who usually wears a tall white hat? That's right! A chef does! A chef's hat
누가 보통 높고 하얀 모자를 쓰는가 맞다 요리사가 쓴다 요리사의 모자에는
has practical purposes. ❶ A chef's hat **keeps the hair** / **neat and tidy**. ❷ It
실용적인 목적이 있다 요리사의 모자는 머리카락을 유지해준다 단정하고 깔끔하게 그것
also **prevents hair from falling** into food. This hat can also tell us more /
은 또한 머리카락이 음식에 빠지지 않도록 해준다 이 모자는 또한 우리에게더 많은 것을 말해 줄 수 있다
about a chef.
요리사에 대해
There are many folds in a chef's hat. ❸ Long ago, the folds showed / **how**
요리사의 모자에는 많은 주름이 있다 오래 전에 주름은 보여 주었다 얼마나
many egg dishes a chef could cook. For example, / a hat with 100 folds
많은 달걀 요리를 요리사가 할 수 있는지 예를 들어 100개의 주름이 있는 모자는 나타
showed / that the chef could cook eggs / in 100 different ways. Today, the
냈다 요리사가 달걀 요리를 할 수 있다는 것을 100가지의 다른 방법으로 오늘날 주름은
folds don't have the same meaning, / but more folds mean a chef with more
그와 같은 의미를 지니지는 않는다 하지만 더 많은 주름은 경력이 더 많은 요리사를 의미한다
experience.

구문 풀이

❶ keep + 목적어 + 형용사: ~을 …하게 유지하다

❷ prevent + 목적어 + from -ing: ~가 …하는 것을 막다

❸ 간접의문문인 「의문사 + 주어 + 동사」가 동사 showed의 목적어로 쓰임

The height of a chef's hat was related to / the rank in the kitchen. In the
요리사 모자의 높이는 관련이 있었다 주방에서의 지위와 1800년대에는
1800s, the more important chef wore taller hats. ❹ **It** was common / **for the**
더 중요한 요리사들이 더 높은 모자를 썼다 그것은 일반적이었다 주방장이
head chef to wear the tallest hat / in the kitchen! This way, it was very easy /
가장 높은 모자를 쓰는 것은 주방에서 이런 방법으로 매우 쉬웠다
for anyone to find the head chef / in the busy kitchen.
누구나 주방장을 찾는 것은 분주한 주방에서
Nowadays, chefs wear many different kinds of hats. But this tall white hat is
요즘에는 요리사들이 많은 다양한 종류의 모자를 쓴다 그러나 이 높고 하얀 모자는 여전히
still the symbol / of professional cooks.
상징이다 전문적인 요리사의

❹ It은 가주어, for the head chef는 to부정사의 의미상의 주어, to wear 이하는 진주어로 쓰임

해석 누가 보통 높고 하얀 모자를 쓰는가? 맞다! 요리사가 쓴다! 요리사의 모자에는 실용적인 목적이 있다. 요리사의 모자는 머리카락을 단정하고 깔끔하게 해준다. 그것은 또한 머리카락이 음식에 빠지지 않게 해준다. 이 모자는 또한 우리에게 요리사에 대해 더 많은 것을 말해 줄 수 있다.
요리사의 모자에는 많은 주름이 있다. 오래 전에, 주름은 요리사가 얼마나 많은 달걀 요리를 할 수 있는지를 보여 주었다. 예를 들어, 100개의 주름이 있는 모자는 요리사가 100가지의 다른 방법으로 달걀 요리를 할 수 있다는 것을 나타냈다. 오늘날 주름은 그와 같은 의미를 지니지는 않지만, 더 많은 주름은 경력이 더 많은 요리사를 의미한다.
요리사 모자의 높이는 주방에서의 지위와 관련이 있었다. 1800년대에는 더 중요한 요리사들이 더 높은 모자를 썼다. 주방장이 주방에서 가장 높은 모자를 쓰는 것이 일반적이었다. 이런 방법으로 누구나 분주한 주방에서 주방장을 찾는 것은 매우 쉬웠다.
요즘에는 요리사들이 많은 다양한 종류의 모자를 쓴다. 그러나 이 높고 하얀 모자는 여전히 전문적인 요리사의 상징이다.

07 우유의 변신은 무죄!

pp. 24~25

구문해석 Clear 이것은 그것을 만드는 방법이다.

1 ③ **2** (1) F (2) T **3** vinegar, water
4 4-2-1-5-3-6 / ① Remove ② Add ③ Heat ④ Put ⑤ Pour ⑥ Decorate

해설 **1** 우유로 플라스틱을 만드는 과정을 설명하고 있는 내용의 글이다.

2 (1) 우유 플라스틱을 만드는 방법은 간단해서 다양한 것을 만들 수 있다고 했다.
(2) 우유 응고물을 종이 타월에 놓고 가능한 한 물기를 많이 제거하라고 했다.

3 해석 • 식초는 우유를 젤 상태로 만드는 데 사용된다.
• 종이 타월은 우유 응고물에서 물을 제거하는 데 사용된다.

4 해석 물기를 제거해라. - 식초를 넣어라. - 우유를 데워라. - 우유 응고물을 모양 틀에 넣어라. - 우유를 체에 부어라. - 우유 플라스틱을 장식해라.

직독 직해

❶ Cheese, butter, and yogurt **are made from** milk. But did you know /
치즈, 버터 그리고 요구르트는 우유로 만들어진다 그러나 당신은 알았는가
that plastic can be made from milk, too? It is called "plastic milk." This is
플라스틱 또한 우유로 만들 수 있다는 것을 그것은 '우유 플라스틱'이라고 불린다 이것이 그것을
how to make it. ❷ Just **follow** these simple steps, / **and** you can make toys,
만드는 방법이다 이 간단한 단계를 따르기만 해라 그러면 당신은 장난감, 장신구 그리고
accessories, and anything else you want out of milk.
원하는 그 밖의 것을 우유로 만들 수 있다
You need
필요한 것
1 cup of milk, 4 tablespoons of vinegar, saucepan, strainer, paper towel, some molds
우유 한 컵 식초 네 숟가락 냄비 체 종이 타월 모양 틀 몇 개

구문 풀이

❶ be made from: ~로 만들어지다 (from 뒤에 원료 및 재료가 나옴)

❷ 명령문, and ~: …해라, 그러면 ~
anything else와 you 사이에 목적격 관계대명사 that이 생략됨

What to do
해야 할 것

1. Pour the milk into the saucepan / and slowly heat it on the stove.
우유를 냄비에 부어라 그리고 가스레인지에서 천천히 데워라

2. When the milk is almost boiling, / add the vinegar. ❸ Then, stir the milk / **until** it begins to gel.
우유가 거의 끓고 있을 때 식초를 넣어라 그리고 나서 우유를 저어라 젤 상태가 될 때까지

3. Remove the saucepan / from the stove.
냄비를 치워라 가스레인지에서

4. When the milk cools down, / pour it through the strainer. ❹ Some soft and rubbery stuff will **get caught** / in the strainer. These are plastic curds.
우유가 식으면 그것을 체에 부어라 부드럽고 고무 같은 물질이 걸러질 것이다 체에서 이것들이 플라스틱 우유 응고물이다.

5. Place the curds on paper towel / and remove as much water as possible.
우유 응고물을 종이 타월에 놓아라 그리고 가능한 한 물기를 많이 제거해라

6. Put the curds into the molds / and place molds in the freezer.
우유 응고물을 모양 틀에 넣어라 그리고 모양 틀은 냉동실에 넣어라

7. ❺ **Once** the curds get hard and dry, / take them out of the molds and decorate them.
일단 우유 응고물이 단단해지고 마르면 모양 틀에서 그것들을 꺼내서 장식해라

❸ until + 주어 + 동사: ~가 …할 때까지

❹ 'get + 과거분사'는 '~해지다, ~되다'라는 수동의 의미

❺ once + 주어 + 동사: 일단 ~가 …하면

해석 치즈, 버터, 그리고 요구르트는 우유로 만들어진다. 그러나 당신은 플라스틱 또한 우유로 만들 수 있다는 것을 알았는가? 그것은 '우유 플라스틱'이라고 불린다. 이것은 그것을 만드는 방법이다. 이 간단한 단계를 따르기만 해라, 그러면 장난감, 장신구, 그리고 원하는 그 밖의 것을 우유로 만들 수 있다.

필요한 것

우유 한 컵, 식초 네 숟가락, 냄비, 체, 종이 타월, 모양 틀 몇 개

해야 할 것

1. 우유를 냄비에 붓고 가스레인지에서 천천히 데워라.
2. 우유가 거의 끓고 있을 때 식초를 넣어라. 그러고 나서 우유가 젤 상태가 될 때까지 저어라.
3. 냄비를 가스레인지에서 치워라.
4. 우유가 식으면, 체에 부어라. 부드럽고 고무 같은 물질이 체에 걸러질 것이다. 이것들이 플라스틱 우유 응고물이다.
5. 우유 응고물을 종이 타월에 놓고 가능한 한 물기를 많이 제거해라.
6. 우유 응고물을 모양 틀에 넣고 모양 틀은 냉동실에 넣어라.
7. 일단 우유 응고물이 단단해지고 마르면, 모양 틀에서 꺼내서 장식해라.

08 e스포츠가 올림픽에?

pp. 26~27

구문해석 Clear 게다가 e스포츠는 인기 있다 / 더 젊은 관중을 올림픽에 끌어들일 만큼 충분히
그들은 또한 생각한다 / 많은 e스포츠가 너무 폭력적이어서 올림픽 종목이 될 수 없다고

1 ④ **2** ⑤ **3** train, concentration **2** ① real ② fans ③ physical ④ violent

해설 **1** 본문은 e스포츠가 올림픽 종목으로 채택될 수 있는지에 대한 찬반 의견을 다루고 있으므로 ④ 'e스포츠는 올림픽 종목이 될 수 있는가?'가 제목으로 알맞다.

해석 ① e스포츠는 무엇인가?
② e스포츠는 왜 매우 인기가 있는가?
③ 올림픽은 어떻게 더 많은 팬을 얻을 수 있는가?
⑤ 올림픽에서 언제 e스포츠를 볼 수 있는가?

2 빈칸 앞에는 e스포츠를 올림픽 종목으로 채택하는 것을 찬성하는 이유가, 뒤에는 반대하는 이유가 나오므로 역접의 접속사 ⑤ '반면에'가 들어가는 것이 알맞다.

해석 ① 게다가 ② 결과적으로 ③ 그러므로 ④ 예를 들어

3 프로 게이머와 운동선수들의 공통점은 두 번째 단락에서 찾을 수 있다.

해석 Q: 프로 게이머와 운동선수들의 공통점은 무엇인가?

A: 그들은 열심히 훈련하고, 많은 집중력이 필요하다.

4 해석 **e스포츠를 올림픽 종목으로 포함하는 게 어떠한가?**

찬성 - 1. e스포츠는 실제 스포츠와 공통점이 있다.

- 2. 올림픽은 더 많은 팬들을 얻을 수 있다.

반대 - 1. e스포츠는 많은 신체적 기술을 필요로 하지 않는다.

- 2. e스포츠는 너무 폭력적이다.

직독 직해

Do you know e-sports? E-sports are video games / that people play against
당신은 e스포츠를 알고 있는가 e스포츠는 비디오 게임이다 사람들이 온라인에서 서로 겨루는

each other online. They are very popular these days. ❶ Some people even
그것들은 요즘 매우 인기가 있다 어떤 사람들은 심지어 e스포츠를

want to see e-sports / **as** an Olympic event. Why do they think so?
보고 싶어 한다 올림픽 종목으로서 그들은 왜 그렇게 생각할까

First, e-sports have something in common with real sports. Professional gamers,
첫째, e스포츠는 실제 스포츠와 공통점이 있다 프로 게이머들은 운동선수들

like athletes, train hard / and need high levels of concentration. ❷ Also, they
처럼 열심히 훈련한다 그리고 높은 수준의 집중력을 필요로 한다 또한 그들은 게

develop strategies **to win** games, / as in real sports competitions. In addition,
임에서 이기기 위한 전략을 개발한다 실제 스포츠 대회에서와 같이 게다가 e스포츠는

e-sports are popular / enough to attract a younger audience to the Olympics.
인기 있다 더 젊은 관중들을 올림픽으로 끌어들일 만큼 충분히

❸ This would **help the Olympics gain** more fans.
이것은 올림픽이 더 많은 팬들을 얻을 수 있도록 도울 것이다

❹ On the other hand, **not everyone** feels the same way. Others argue / that
반면에 모든 사람들이 같은 생각을 하는 것은 아니다 다른 사람들은 주장한다

e-sports do not require the physical level / of difficulty of real sports. They
e스포츠는 신체적인 정도를 필요로 하지 않는다 실제 스포츠의 힘듦의

also think / that many e-sports are too violent to be Olympic events. Finally,
그들은 또한 생각한다 많은 e스포츠가 너무 폭력적이어서 올림픽 종목이 될 수 없다고 마지막으로

unlike real sports, / video games come and go very quickly. ❺ **It** is possible /
실제 스포츠와 달리 비디오 게임은 매우 빠르게 생겼다가 없어진다 가능성이 있다

that some popular games may disappear / by the next Olympics.
몇몇 인기 있는 게임은 사라질 다음 올림픽쯤에는

This debate won't end anytime soon. What do you think?
이 논쟁은 곧 끝날 것 같지 않다 당신의 생각은 어떠한가?

구문 풀이

❶ as는 전치사로 '~로서'라는 의미로 해석

❷ to win은 앞의 명사 strategies를 수식하는 형용사적 용법의 to부정사

❸ help + 목적어 + 동사원형: ~가 …하는 것을 돕다

❹ 부정어(not)와 전체를 나타내는 단어(everyone)가 사용되어 '모두가 ~한 것은 아니다'라는 의미의 부분 부정을 나타냄

❺ It은 가주어, that 이하는 진주어로 쓰임

해석 당신은 e스포츠를 알고 있는가? e스포츠는 사람들이 온라인에서 서로 겨루는 비디오 게임이다. 그것들은 요즘 매우 인기 있다. 어떤 사람들은 심지어 e스포츠를 올림픽 종목으로서 보고 싶어 한다. 그들은 왜 그렇게 생각할까?

첫째, e스포츠는 실제 스포츠와 공통점이 있다. 프로 게이머들은 운동선수들처럼 열심히 훈련하고 높은 수준의 집중력을 필요로 한다. 또한, 그들은 실제 스포츠 대회에서와 같이 게임에서 이기기 위한 전략을 개발한다. 게다가, e스포츠는 더 젊은 관중들을 올림픽으로 끌어들일 만큼 충분히 인기 있다. 이것은 올림픽이 더 많은 팬들을 얻을 수 있도록 도울 것이다.

반면에, 모든 사람들이 같은 생각을 하는 것은 아니다. 다른 사람들은 e스포츠가 실제 스포츠의 신체적인 힘듦의 정도를 필요로 하지 않는다고 주장한다. 그들은 또한 많은 e스포츠가 너무 폭력적이어서 올림픽 종목이 될 수 없다고 생각한다. 마지막으로, 실제 스포츠와 달리 비디오 게임은 매우 빠르게 생겼다가 없어진다. 몇몇 인기 있는 게임은 다음 올림픽쯤에는 사라질 가능성이 있다.

이 논쟁은 곧 끝날 것 같지 않다. 당신의 생각은 어떠한가?

Review Test

| 어휘 Review |

A 1 practical 2 athlete 3 regular 4 benefit

B 1 Pour 2 improve 3 professional 4 disappeared

C 1 is made from 2 focus on 3 is related to 4 played against

| 구문 Review |

A 1 만드는 방법 2 무슨 말을 할지 3 어디에 놓아야 할지

B 1 그가 이 문제를 푸는 것은 2 끌어들일 만큼 충분히 인기 있다 3 너무 배가 불러서 후식을 먹을 수 없었다

C 1 for teens to sleep 2 too violent to play

해설 | 어휘 Review |

A 해석 1 실용적인: 특정한 목적에 유용하고 적합한
2 운동선수: 운동이나 경기를 잘하는 사람
3 규칙적인: 매일 같은 시간에 발생하는
4 혜택: 한 사람에게 도움이 되는 어떤 것

B 해석 1 그릇에 우유를 부어라.
2 명상은 집중하는 능력을 향상시킬 수 있다.
3 Ted는 전문 골프 선수가 되기 위해서 열심히 연습한다.
4 몇몇 동물들은 지구상에서 사라져서 우리는 더 이상 그들을 볼 수 없다.

C 1 be made from: ~으로 만들어지다
2 focus on: ~에 집중하다
3 be related to: ~와 관련이 있다
4 play against: ~와 시합하다

GUESS & CHECK

09 발걸음 / 모으다 / 전기 / 일몰 / 발생시키다
10 무대 / 관객 / 관찰하다 / 알아차리다 / 기억하다
11 집어삼키다 / 자연의 / 지하의 / 건설 / 경고
12 교통수단 / 오토바이 / 특이한 / 나르다 / 승객

09 전기를 만드는 축구장

구문해석 Clear 그러나 전력 부족 때문에 / 그들은 일몰 후에 경기하는 것을 포기하곤 했다

1 ③ **2** (1) T (2) F **3** play soccer, power shortages **4** ① tiles ② footsteps ③ electricity ④ light

해설 **1** 사람의 발걸음을 전기로 바꿔주는 축구장을 소개하고 있으므로 ③ '전기를 만드는 특별한 경기장'이 제목으로 알맞다.
해석 ① 다양한 종류의 에너지 ② 브라질의 일반적인 지역 경기장
④ 일생 동안의 발걸음의 수 ⑤ 브라질 아이들의 뛰어난 축구 기술

2 (1) 사람들의 발걸음에서 발생하는 에너지를 모아 전기로 바꿀 수 있는 방법을 알아냈다고 했다.
(2) 선수의 각 발걸음이 만들어 내는 전기가 약 5와트라고 했다.

3 한 회사는 아이들이 어두워지면 전력 부족으로 축구를 할 수 없어서 특별한 축구장을 만들어 주었다.
해석 Q: 한 회사는 왜 브라질에 특별한 축구장을 지었는가?
A: 몇몇 아이들이 전력 부족 때문에 어두워진 후에 축구를 할 수 없었다.

4 해석 브라질의 특별한 축구장
낮 동안: 아이들은 축구를 하고 바닥에 있는 타일은 그들의 발걸음에서 에너지를 모은다.
밤에: 저장된 에너지가 전기로 바뀌고 그것이 경기장을 밝힐 수 있다.

직독 직해

Did you know / that you can create energy with your body? When you walk, /
당신은 알고 있었는가 몸으로 에너지를 만들 수 있다는 것을 당신이 걸을 때
the movement makes energy. Most people take more than 200 million steps
그 움직임은 에너지를 만든다 대부분의 사람들은 일생 동안 2억 걸음 이상을 걷는다
in their lifetime – that's a lot of potential energy! ❶ Scientists have found a
그것은 엄청난 잠재적인 에너지이다 과학자들은 방법을 발견했다
way / **to gather** this energy and **change** it into valuable electricity. Here is a
이 에너지를 모아 귀중한 전기로 바꾸는 좋은 예가
good example / of using this technology in Brazil.
있다 브라질에서 이 기술을 사용한

Some children in Brazil loved / playing soccer on their local fields. ❷ However,
브라질의 몇몇 아이들은 좋아했다 그들의 지역 경기장에서 축구 하는 것을 하지만 전력
because of power shortages, / they used to **give up playing** after sunset.
부족 때문에 그들은 일몰 후에 축구 하는 것을 포기하곤 했다
❸ **To solve** this problem, / a company built a special soccer field.
이러한 문제를 해결하기 위해 한 회사가 특별한 축구장을 건설했다
The field has special tiles under its grass. ❹ These tiles **change** energy from
그 운동장에는 잔디 아래에 특별한 타일이 있다 이 타일은 아이들의 발걸음에서 나온 에너지를
the players' footsteps **into** electricity. Each footstep generates about five watts
전기로 바꾸다 각 발걸음은 약 5와트의 전력을 생산한다
of electrical power. That's enough / to light an LED lamp for 30 seconds.
그것은 충분하다 30초 동안 LED 램프를 켜기에
When the children play soccer during the day, / the energy is gathered and
아이들이 낮 동안 축구를 할 때, 에너지가 모아지고 저장된다
stored. ❺ Then, at night, it **is used to light** the field! ❻ Thanks to this new
그러고 나서 밤에 그것은 경기장을 밝히는 데 사용된다 이 새로운 기술 덕분에
technology, / the kids have a place / **to play** soccer after dark.
아이들은 장소가 생겼다 어두워진 후에 축구를 할 수 있는

구문 풀이

❶ to gather와 (to) change가 and로 연결된 병렬 구조로 앞에 있는 명사 a way를 수식

❷ give up + -ing: ~하는 것을 포기하다

❸ to부정사의 부사적 용법 중 목적의 의미로 쓰임

❹ change *A* into *B*: A를 B로 바꾸다

❺ be used to + 동사원형: ~하는 데 사용되다

❻ 앞에 있는 명사 a place를 수식하는 to부정사의 형용사적 용법

해석 당신은 몸으로 에너지를 만들 수 있다는 것을 알고 있었는가? 당신이 걸을 때, 그 움직임은 에너지를 만든다. 대부분의 사람들은 일생 동안 2억 걸음 이상을 걷는다. 그것은 엄청난 잠재적인 에너지이다! 과학자들은 이 에너지를 모아 귀중한 전기로 바꾸는 방법을 발견했다. 브라질에서 이 기술을 사용한 좋은 예가 있다.

브라질의 몇몇 아이들은 그들의 지역 경기장에서 축구 하는 것을 좋아했다. 하지만, 전력 부족 때문에 그들은 일몰 후에 축구 하는 것을 포기하곤 했다. 이러한 문제를 해결하기 위해 한 회사가 특별한 축구장을 건설했다.

그 운동장에는 잔디 아래에 특별한 타일이 있다. 이 타일은 아이들의 발걸음에서 나온 에너지를 전기로 바꾼다. 각 발걸음은 약 5와트의 전력을 생산한다. 그것은 30초 동안 LED 램프를 켜기에 충분하다. 아이들이 낮 동안 축구를 할 때, 에너지가 모아지고 저장된다. 그리고 나서, 밤에 그것은 경기장을 밝히는 데 사용된다! 이 새로운 기술 덕분에 아이들은 어두워진 후에 축구를 할 장소가 생겼다.

10 나만 쳐다 봐!

pp. 34~35

구문해석 Clear 너는 걱정해 본 적이 있니 / 이와 같은 어떤 일들에 대해서

1 ④ **2** ④ **3** Only one student remembered it.
4 ① looking ② notice ③ actually ④ attention ⑤ focused

해설 **1** 이 글은 다른 사람들이 우리가 생각하는 것보다 우리에게 많은 관심을 가지고 있지 않다는 내용이다.

2 조명 효과는 자신이 다른 사람들에 의해 주목받고 있다고 생각하는 것으로 ④의 예시는 조명 효과에 해당하지 않는다.

3 실험에서 학생은 자신의 티셔츠를 적어도 네 명 이상 기억할 것이라고 생각했지만, 단 한 사람만 기억했다고 했다.
해석 조명 효과에 관한 한 실험에서 몇 명의 사람들이 그 학생의 티셔츠를 기억했는가?

4 해석 조명 효과 – 당신은 사람들이 당신을 보고 있고 그들이 실제로 그런 것보다 더 많이 당신에 대해 알아차릴 것이라고 생각한다.
사실 – 사람들은 당신에게 많은 주목을 하지 않는다. 당신이 당신 자신에게 가장 집중하는 사람이다.

직독 직해

"I didn't wash my hair, / and I'm worried that people might notice."
나는 머리를 안 감았다 그리고 사람들이 알아차릴까 걱정이다

❶ "**What If** people notice this stain on my shirt?"
사람들이 내 셔츠의 얼룩을 알아차리면 어쩌지

❷ **Have you ever worried** / about some things like these? ❸ You probably think / that everybody is watching you, / **just like** a performer on stage.
당신은 걱정해 본 적이 있는가 이와 같은 어떤 일들에 대해서 아마도 당신은 생각한다 모든 사람이 당신을 보고 있다고 무대 위의 연기자처럼

On stage, the spotlight follows the performer's every move, / so the audience can observe / his or her actions and facial expressions closely. ❹ Many people believe / that they **are being noticed** by others / more than they actually are. ❺ They feel **as though** they are "in the spotlight" all the time. This is called the "Spotlight Effect."
무대 위에서 스포트라이트가 연기자의 모든 움직임을 따라다닌다 그래서 관중들은 관찰할 수 있다 그나 그녀의 행동과 얼굴 표정을 면밀하게 많은 사람들은 믿는다 그들이 다른 사람들에 의하여 주목받고 있다고 그들이 실제로 그런 것보다 더 많이 그들은 마치 그들이 항상 스포트라이트를 받고 있는 것처럼 느낀다 이것은 '조명 효과'라고 불린다

But, do people really pay that much attention to others? ❻ In an experiment, / a student **wearing** a T-shirt with the face of a famous singer / sat in a classroom for a few minutes. There were six other college students / in the classroom. The student guessed / that at least four would remember / what he was wearing, / but only one of them remembered his T-shirt!
그러나 사람들이 정말로 다른 사람들에게 그렇게 많이 주목을 하고 있는가 한 실험에서 유명한 가수의 얼굴이 있는 티셔츠를 입고 있는 한 학생이 몇 분 동안 교실에 앉아 있었다 여섯 명의 다른 대학생들이 앉아 있었다 교실에는 그 학생은 추측했다 적어도 네 명은 기억할 거라고 그가 무엇을 입고 있었는지 그러나 겨우 한 명만이 그의 티셔츠를 기억했다

❼ **The next time** you feel worried / that everybody is looking at you, / remember that you are the one who is the most focused on yourself.
다음에 당신이 걱정이 될 때 모든 사람이 당신을 보고 있다고 당신에게 가장 집중하는 사람은 바로 당신이라는 것을 기억해라

구문 풀이

❶ what if ~?: ~라면 어쩌지?

❷ Have you ever + 과거분사 ~?: 현재완료 (경험)

❸ just like + 명사: 마치 ~처럼

❹ 「be동사 + being + 과거분사」는 진행형 수동태로 '~되어지고 있다'의 의미

❺ as though: 마치 ~인 것처럼

❻ wearing 이하는 앞에 있는 명사 a student를 수식하는 현재분사구

❼ the next time: 다음에 ~할 때

해석 "나 머리 안 감아서 사람들이 알아차릴까 걱정이야."
"사람들이 내 셔츠의 얼룩을 알아차리면 어쩌지?"
당신은 이와 같은 어떤 일들에 대해 걱정해 본 적이 있는가? 아마 당신은 무대 위의 연기자처럼 모든 사람이 당신을 보고 있다고 생각한다.
무대 위에서 스포트라이트가 연기자의 모든 움직임을 따라다녀서 관중들은 그나 그녀의 행동과 얼굴 표정을 면밀히 관찰할 수 있다. 많은 사람들이 그들이 실제로 그런 것보다 더 많이 다른 사람들에 의하여 주목받고 있다고 믿는다. 그들은 마치 그들이 항상 스포트라이트를 받고 있는 것처럼 느낀다. 이것은 '조명 효과'라고 불린다.
그러나 사람들이 정말로 다른 사람들에게 그렇게 많이 주목을 하고 있는가? 한 실험에서 유명한 가수의 얼굴이 있는 티셔츠를 입고 있는 학생이 몇 분 동안 교실에 앉아 있었다. 교실에는 여섯 명의 다른 대학생들이 앉아 있었다. 그 학생은 적어도 네 명은 그가 무엇을 입고 있었는지 기억할 거라고 추측했지만, 겨우 한 명만이 그의 티셔츠를 기억했다!
다음에 모든 사람이 당신을 보고 있다고 걱정이 될 때, 당신에게 가장 집중하는 사람은 바로 당신이라는 것을 기억해라.

11 갑자기 뚫리는 구멍

pp. 36~37

구문해석 Clear 도시에서 발견되는 싱크홀은 / 만들어진다 / 인간의 활동에 의해서

1 ① **2** ③ **3** washed, ground, falls, hole **4** ① forests ② water ③ cities ④ human activities

해설 **1** 싱크홀이 생기는 원인과 과정을 설명하고 있으므로 ① '싱크홀은 어떻게 형성되는가'가 제목으로 알맞다.
해석 ② 우리는 어디서 싱크홀을 찾을 수 있는가 ③ 싱크홀은 왜 위험한가
④ 우리는 어떻게 싱크홀을 막을 수 있는가 ⑤ 누가 싱크홀에 책임이 있는가

2 ③ 싱크홀은 자연적이고 인위적인 원인으로 발생한다고 했다.

3 해석 흙과 암석들이 지하수에 의해 쓸려나간다. 어떤 것도 지면을 지탱하지 못한다. 그것은 무너지고 큰 구멍이 만들어진다.

4 해석 자연적인 싱크홀 • 숲과 바다에서 발견된다
• 땅속의 물에 의해서 발생된다
인위적인 싱크홀 • 도시에서 발견된다
• 인간의 활동에 의해 발생된다

직독 직해

Many cars are driving on the road. ❶ Suddenly a hole **starts to open up** / in the middle of the street. It swallows the cars and everything / around it.
많은 차들이 도로를 달리고 있다 갑자기 구멍이 뚫리기 시작한다 길 한가운데에 그것은 차들과 모든 것을 집어삼킨다 그것 주변의

You are not watching a scary movie. It is a sinkhole!
당신은 무서운 영화를 보고 있는 것이 아니다 그것은 싱크홀이다

What causes / these deep and big holes? ❷ **There are two types** of sinkholes: natural sinkholes and man-made sinkholes. Natural sinkholes are found / in forests and seas. They are usually caused / by the water under the ground.
무엇이 발생시키는가 이 깊고 큰 구멍을 싱크홀에는 두 가지 형태가 있다: 자연적인 싱크홀과 인공적인 싱크홀 자연적인 싱크홀은 발견된다 숲과 바다에서 그것들은 보통 발생한다 땅속에 있는 물에 의해

First, the water washes away the dirt. This makes more space, / so the water can flow faster. Eventually, it starts to wash away rocks, too. ❸ Soon, there is nothing / **to support** the ground above the water. It collapses, and a hole forms.
처음, 물이 흙을 쓸어간다 이것은 더 많은 공간을 만든다 그래서 물이 더 빠르게 흐를 수 있다 결국 그것은 암석들도 쓸어가기 시작한다 곧 아무것도 없다 물 위의 지면을 지탱할 그것은 무너지고 구멍이 생긴다

❹ The sinkholes **found in cities** are created / by human activities. The most common cause is construction. ❺ A lot of underground activities / **like** drilling / can result in small to large sinkholes. Sometimes, a broken water pipe can cause / a sudden increase in the groundwater, / and it can form a sinkhole.
도시에서 발견되는 싱크홀은 만들어진다 인간의 활동에 의해 가장 흔한 원인은 건설이다 많은 땅속 활동들은 구멍을 뚫는 것과 같은 크고 작은 싱크홀을 발생시킬 수 있다 때때로 부서진 배수관이 일으킬 수 있다 갑작스러운 지하수의 증가를 그리고 그것이 싱크홀을 형성할 수 있다

구문 풀이

❶ start + to부정사: ~하기 시작하다

❷ There are + 복수 명사: ~가 있다

❸ 형용사적 용법의 to부정사로 앞의 대명사 nothing을 수식

❹ 앞의 명사 The sinkholes를 수식하는 과거분사구

❺ like는 '~와 같은'이라는 의미의 전치사로 쓰임

Sinkholes often appear / without any warning, / so they can be very
싱크홀은 자주 나타난다 아무 경고 없이 그래서 그것들은 매우 위험할 수 있다
dangerous.

해석 많은 차들이 도로를 달리고 있다. 갑자기 길 한가운데에 구멍이 뚫리기 시작한다. 그것은 차들과 그 주변의 모든 것을 집어삼킨다. 당신은 무서운 영화를 보고 있는 것이 아니다. 그것은 싱크홀이다!

이 깊고 큰 구멍은 왜 발생하는가? 싱크홀에는 두 가지 형태가 있다: 자연적인 싱크홀과 인공적인 싱크홀. 자연적인 싱크홀은 숲과 바다에서 발견된다. 그것들은 보통 땅속에 있는 물에 의해 발생한다. 첫째, 물이 흙을 쓸어간다. 이것은 더 많은 공간을 만들어서 물이 더 빠르게 흐를 수 있다. 결국, 그것은 암석들도 쓸어가기 시작한다. 곧, 물 위의 지면을 지탱할 것은 아무것도 없다. 그것은 무너지고, 구멍이 형성된다.

도시에서 발견되는 싱크홀은 인간의 활동에 의해 만들어진다. 가장 흔한 원인은 건설이다. 구멍을 뚫는 것과 같은 많은 땅속 활동들이 크고 작은 싱크홀을 발생시킬 수 있다. 때때로 부서진 배수관이 갑작스러운 지하수의 증가를 일으킬 수 있고, 그것이 싱크홀을 형성할 수 있다.

싱크홀은 자주 아무 경고 없이 나타나서 매우 위험할 수 있다.

12 특별한 교통수단

pp. 38~39

구문해석 Clear 하지만 많은 다른 형태의 교통수단이 발견될 수 있다 / 전 세계에서

1 ⑤ **2** ② **3** They look like coconuts.
4 ① the Philippines ② people ③ narrow ④ tourists ⑤ faster ⑥ cheaper

해설 **1** 이 글은 필리핀과 쿠바에서 교통수단으로 이용하는 오토바이의 종류와 특징에 대한 내용이다.

해석 ① 관광객을 위한 특별한 택시 ② 오토바이의 안전성 ③ 오토바이의 좋은 점과 나쁜 점 ④ 필리핀의 다양한 종류의 교통수단 ⑤ 다른 나라의 다양한 유형의 오토바이

2 ⓐ 교통수단 앞에 쓰이는 전치사로 by가 알맞다.
ⓑ '~함으로써'라는 의미로 「by + -ing」를 쓴다.

3 해석 쿠바 사람들은 왜 오토바이 택시를 '코코택시'라고 부르는가?

4 해석

	하발하발	코코택시
나라	필리핀	쿠바
특징	• 그것은 많은 사람들과 그들의 짐을 나를 수 있다. • 그것은 거칠고 좁은 길에서 유용하다.	• 노란색 코코택시는 관광객들을 위한 것이고, 검은색 코코택시는 지역 주민들을 위한 것이다. • 그것들은 다른 택시들보다 더 빠르고 더 저렴하다.

직독 직해

❶ Cars, trains, buses, and planes are common types of transportation.
자동차, 기차, 버스, 그리고 비행기는 흔한 형태의 교통수단이다
However, many other types of transportation **can be found** / around the world.
하지만 많은 다른 형태의 교통수단은 발견될 수 있다 전 세계에서
In some countries, / people often travel by motorcycle. The habal-habal and
일부 국가에서 사람들은 자주 오토바이로 이동한다 하발하발과 코코택시는 둘 다
coco taxis are both special kinds of motorcycles.
특별한 종류의 오토바이다
❷ The habal-habal is an unusual type of motorcycle / **which** is found in the
하발하발은 특이한 형태의 오토바이다 필리핀에서 발견되는
Philippines. It can carry many people and their luggage. How is this possible?
그것은 많은 사람들과 짐을 운반할 수 있다 이것이 어떻게 가능한가
❸ A habal-habal is made / **by adding** wooden boards to motorcycles. People
하발하발은 만들어진다 오토바이에 나무판자를 덧붙임으로써 사람들은
sit on these boards, / so a habal-habal can carry / more than ten people and
이 나무판자에 앉는다 그래서 하발하발은 나를 수 있다 10명 이상의 사람들과 그들의 가방을
their bags / at the same time. People often use these motorcycles / when
동시에 사람들은 자주 이 오토바이를 이용한다 그들이
they travel on rough and narrow roads.
울퉁불퉁하고 좁은 길로 이동할 때

구문 풀이

❶ 「can + be + 과거분사」는 조동사가 있는 수동태로 '~될 수 있다'의 의미

❷ which 이하는 주격 관계대명사절로 선행사 an unusual type of motorcycle을 수식

❸ by + -ing: ~함으로써

In Cuba, motorcycles are used as taxis. ❹ They are called "coco taxis" /
쿠바에서는 오토바이가 택시로 이용된다 그것들은 '코코택시'라고 불린다
because they **look like** coconuts. There are two types of coco taxis. ❺ The
코코넛처럼 생겼기 때문에 코코택시에는 두 가지 종류가 있다 노란
yellow taxis are for tourists, / and the black **ones** are for locals. They can
택시는 관광객들을 위한 것이다 그리고 검은 택시는 지역 주민들을 위한 것이다 그것들은 두세 명의
carry two to three passengers / in seats behind the driver. ❻ Coco taxis are
승객들을 태울 수 있다 운전자 뒷좌석에 코코택시는 더 빠르고
faster and **cheaper** / **than** other taxis. However, they can be a little noisy.
더 저렴하다 다른 택시들보다 하지만 그것들은 약간 시끄러울 수 있다

❹ look like + 명사: ~처럼 보인다

❺ ones는 부정대명사로 앞에서 언급된 taxis를 가리킴

❻ 형용사의 비교급 + than: ~보다 더 …한

해석 자동차, 기차, 버스, 그리고 비행기는 흔한 형태의 교통수단이다. 하지만, 많은 다른 형태의 교통수단을 전 세계에서 찾아볼 수 있다. 일부 국가에서, 사람들은 자주 오토바이로 이동한다. 하발하발과 코코택시는 둘 다 특별한 종류의 오토바이다.
하발하발은 필리핀에서 찾아볼 수 있는 특이한 형태의 오토바이다. 그것은 많은 사람들과 짐을 운반할 수 있다. 이것이 어떻게 가능한가? 하발하발은 오토바이에 나무판자를 덧붙임으로써 만들어진다. 사람들은 이 나무판자에 앉아서 하발하발은 10명 이상의 사람들과 그들의 가방을 동시에 나를 수 있다. 사람들은 울퉁불퉁하고 좁은 길로 이동할 때 자주 이 오토바이를 이용한다.
쿠바에서는, 오토바이가 택시로 이용된다. 그것들은 코코넛처럼 생겼기 때문에 '코코택시'라고 불린다. 코코택시에는 두 가지 종류가 있다. 노란 택시는 관광객들을 위한 것이고, 검은 택시는 지역 주민들을 위한 것이다. 그것들은 운전자 뒷좌석에 두세 명의 승객들을 태울 수 있다. 코코택시는 다른 택시들보다 더 빠르고 저렴하다. 하지만, 그것들은 약간 시끄러울 수 있다.

Review Test

| 어휘 Review |

A 1 ⓑ 2 ⓒ 3 ⓐ 4 ⓓ B 1 potential 2 observe 3 transportation 4 warning
C 1 is used to 2 pay attention to 3 looks like 4 resulted in

| 구문 Review |

A 1 공부를 하곤 했다 2 만들어졌다 3 본 적이 있다
B 1 먹어 본 적이 있니 2 사용될 수 있다 3 농구를 하곤 했다
C 1 used to give up 2 The mineral can be found

해설 | 어휘 Review |

A 해석 1 얼룩 – ⓑ 지우기 어려운 자국
2 모으다 – ⓒ 어떤 것들을 한 장소에 함께 두다
3 나르다 – ⓐ 한 곳에서 다른 곳으로 가져가다
4 특이한 – ⓓ 정상적이거나 평범하지 않은

B 해석 1 여러분의 일상적인 움직임은 많은 잠재적인 에너지를 갖고 있다.
2 그의 행동을 관찰하면, 너는 이상한 것을 알아차릴 것이다.
3 우리 마을에는 더 많은 대중교통 수단이 필요하다.
4 그 다리는 경고 없이 갑자기 붕괴했다.

C 1 be used to: ~하는 데 사용되다
2 pay attention to: ~에 주목하다
3 look like: ~처럼 보이다
4 result in: ~을 야기하다

UNIT 4

GUESS & CHECK

13 특정한 / 금지하다 / ~을 놀리다 / 성별 / 설명하다

14 배 / 꼬르륵거리다 / 소화하다 / 흡수하다 / 빈

15 덮다 / 유래 / 해결책 / 식사 / 요리법

16 상 / 시도하다 / 이상한 / 쓸모없는 / 특이한

13 이름, 마음대로 짓지 마세요!

pp. 44~45

구문해석 Clear 당신은 그 이름을 들었을 때 / 구별할 수 있어야 한다 / 그 아이가 남자아이인지 여자아이인지

1 ④ **2** (1) F (2) T (3) F **3** 아이들이 이름 때문에 괴롭힘을 당해서는 안 되기 때문에

4 ① fun ② characters ③ gender

해설 **1** 본문은 프랑스, 멕시코, 독일에서 아기 이름으로 사용할 수 없는 이름에 대해 설명하는 내용의 글이다.

2 (1) 'Nutella'는 프랑스에서 유명한 초콜릿 스프레드의 이름이기 때문에 금지되었다.
(2) 멕시코에서는 영화 속 등장인물의 이름을 포함한 금지된 이름 목록이 있다고 했다.
(3) 독일에서는 성별이 구별되는 이름을 지어야 한다고 했다.

3 멕시코 주 정부는 아이들이 괴롭힘을 당해서는 안 되기 때문에 영화 속 등장인물의 이름을 금지했다.
해석 멕시코 주 정부는 왜 'Batman'과 'Harry Potter' 같은 일부 이름을 금지했는가?

4 해석 금지된 이름
프랑스: 다른 아이들이 놀릴 수 있는 이름
멕시코: 영화 속 등장인물의 이름
독일: 아이의 성별을 보여줄 수 없는 이름

직독 직해

Do you like your name? Perhaps your parents gave it to you. In some countries, however, / parents are not allowed to use certain names / for their baby.
당신은 자신의 이름이 마음에 드는가 아마도 당신의 부모님이 그것을 당신에게 주셨을 것이다 하지만 일부 국가에서는 부모들이 특정한 이름을 사용하는 것이 허락되지 않는다 아기를 위해

❶ In France, a couple was banned / from **naming their daughter "Nutella"**. Nutella is the name of a famous hazelnut chocolate spread.
프랑스에서 한 부부는 금지당했다 딸의 이름을 'Nutella'라고 지어 주는 것을 Nutella는 유명한 헤이즐넛 초콜릿 스프레드의 이름이다

❷ They hoped / that their daughter would be **as sweet and popular as** Nutella. However, a French court banned the name / because other children would make fun of it.
그들은 바랐다 딸이 Nutella만큼 다정다감하고 인기 있기를 하지만 프랑스 법원은 그 이름을 금지했다 다른 아이들이 놀릴 것이기 때문에

A Mexican state also banned some names recently. The list of banned names includes / characters' names in movies / such as Batman, Rambo, Terminator, Harry Potter, Hermione, and James Bond. ❸ The state government explained / **that** children shouldn't be bullied / because of their names.
멕시코의 한 주도 최근에 일부 이름을 금지했다 금지된 이름의 목록은 포함한다 영화 속 등장인물의 이름을 배트맨, 람보, 터미네이터, 해리 포터, 헤르미온느, 제임스 본드와 같은 주 정부는 설명했다 아이들이 괴롭힘을 당해서는 안 된다고 그들의 이름 때문에

In Germany, a name must show the gender of the child. ❹ When you hear the name, / you must be able to tell / **if** the child is a boy or a girl. Names
독일에서 이름은 아이의 성별을 나타내야 한다 이름을 들었을 때 당신은 구별할 수 있어야 한다 그 아이가 남자아이인지 여자아이인지

구문 풀이

❶ name *A B*: A를 B라고 이름 짓다

❷ 「as + 형용사 + as」의 원급 비교 구문으로 '~만큼 …한'의 의미

❸ that은 동사 explained의 목적어로 쓰인 명사절을 이끄는 접속사

❹ if는 '~인지 (아닌지)'라는 의미로 tell의 목적어 역할을 하는 명사절을 이끄는 접속사로 쓰임

like Taylor, Ashley, and Jordan are banned / because they are commonly
테일러, 애슐리, 그리고 조단과 같은 이름은 금지된다 그 이름들이 남자아이와 여자아이 모두에게 흔히

used for both boys and girls.
쓰이기 때문에

해석 당신은 자신의 이름이 마음에 드는가? 아마도 당신의 부모님이 그 이름을 당신에게 주셨을 것이다. 하지만 일부 국가에서는 부모들이 아기를 위해 특정한 이름을 사용하는 것이 허락되지 않는다.

프랑스에서는 한 부부가 딸의 이름을 'Nutella(누텔라)'라고 지어 주는 것을 금지당했다. Nutella는 유명한 헤이즐넛 초콜릿 스프레드의 이름이다. 그들은 딸이 Nutella만큼 다정다감하고 인기 있기를 바랐다. 하지만, 프랑스 법원은 다른 아이들이 놀릴 것이기 때문에 그 이름을 금지했다.

멕시코의 한 주도 최근에 일부 이름을 금지했다. 금지된 이름의 목록에는 배트맨, 람보, 터미네이터, 해리 포터, 헤르미온느, 제임스 본드와 같이 영화 속 등장인물들의 이름이 포함된다. 주 정부는 아이들이 그들의 이름 때문에 괴롭힘을 당해서는 안 된다고 설명했다.

독일에서 이름은 아이의 성별을 나타내야 한다. 이름을 들었을 때, 그 아이가 남자아이인지 여자아이인지 구별할 수 있어야 한다. 테일러, 애슐리, 그리고 조단 같은 이름은 남자아이와 여자아이 모두에게 흔히 쓰이기 때문에 금지된다.

14 이 소리는 뭐지?

pp. 46~47

구문해석 Clear 당신은 배고픔을 느끼지 않을 수도 있다 / 그러나 그 소리는 신호이다 / 당신의 위가 비어 있다는

1 ④ **2** ④ **3** digest **4** ① noises ② absorbs ③ hardly ④ louder ⑤ well

해설 **1** 배에서 꼬르륵 소리가 나는 이유를 설명하는 내용의 글이므로 ④ '배가 꼬르륵거리는 이유'가 주제로 알맞다.

해석 ① 음식이 소화되는 곳 ② 음식을 즐기는 방법
③ 당황스러움을 느끼는 이유 ⑤ 위에서 소리를 흡수하는 방법

2 ④ 위는 항상 움직인다고 했으므로, 음식물이 없을 때도 움직이며 소리를 낸다.

3 '위 안에 있는 음식물을 몸에서 필요한 물질로 변화시키다'라는 뜻에 해당하는 단어는 digest(소화하다)이다.

4 해석 위는 항상 소리를 낸다.
• 당신의 위가 가득 찼을 때: 음식이 그 소리를 흡수한다. 당신은 그 소리를 거의 들을 수 없다.
• 당신의 위가 비었을 때: 소리가 훨씬 더 크게 들린다. 당신은 그 소리를 잘 들을 수 있다.

직독 직해

You're in a quiet library. Suddenly your stomach starts to growl, / and you
당신은 조용한 도서관에 있다 갑자기 배가 꼬르륵거리기 시작한다 그리고 당신은

feel embarrassed. What caused this growling sound? Is it because you are
당황스럽다 무엇이 이런 꼬르륵 소리를 나게 했을까 당신이 배가 고프기 때문일까

hungry? ❶ If you want to know the answer, / you need to understand / **how**
그 답을 알고 싶다면 당신은 이해할 필요가 있다 어떻게

food is digested.
음식이 소화되는지를

❷ When you eat food, / the food **goes** through your throat / **and moves**
음식을 먹을 때 그 음식은 목구멍을 지난다 그리고 위로 이동한다

to your stomach. ❸ The muscles of your stomach contract repeatedly / **to**
위의 근육이 반복적으로 수축한다 음식을

break down the food. During this process, / air and gas also move around in
잘게 부수기 위해서 이런 과정 동안 공기와 가스도 위에서 돌아다닌다

your stomach, / and their movements make the strange noises!
그리고 그것들의 움직임이 그 이상한 소리를 내는 것이다

The stomach is always moving and making noises. When you eat something, /
위는 늘 움직이며 소리를 낸다 당신이 무언가를 먹을 때는,

the growling sound becomes very low / and you can hardly hear it. This is
그 꼬르륵거리는 소리가 매우 낮아진다 그리고 당신은 그것을 거의 들을 수 없다 이것은

because the food in your stomach absorbs most of the sound. ❹ However,
위에 있는 음식이 대부분의 소리를 흡수하기 때문이다 하지만 위가

when your stomach is empty, / the empty areas **make the sound much**
비어 있으면 그 빈 공간이 소리를 훨씬 더 크게 만든다

구문 풀이

❶ 「의문사(how) + 주어 + 동사」의 간접 의문문이 understand의 목적어로 쓰임

❷ 동사 goes와 moves가 등위접속사 and로 연결됨

❸ to break는 to부정사의 부사적 용법 중 목적의 의미

❹ make + 목적어 + 형용사: ~가 …하게 만들다
much는 '훨씬'의 의미로 비교급 louder를 강조

louder. That is why some of us think / that we are hungry / when our
그것이 우리 중 일부가 생각하는 이유이다 우리가 배가 고프다고 배가 꼬르륵거릴 때
stomachs growl.

Is your stomach growling? ❺ You might not feel hungry, / but the noise is a
당신의 배가 꼬르륵거리는가 당신은 배고픔을 느끼지 않을 수도 있다 그러나 그 소리는 신호이다
sign / **that** your stomach is empty.
당신의 위가 비어 있다는

❺ 동격을 나타내는 접속사 that이 사용되어 that절이 a sign에 대해 부연 설명

해석 당신은 조용한 도서관에 있다. 갑자기 배가 꼬르륵거리기 시작하고, 당신은 당황스럽다. 무엇이 이런 꼬르륵 소리를 나게 했을까? 배가 고프기 때문일까? 그 답을 알고 싶다면, 당신은 음식이 어떻게 소화되는지를 이해할 필요가 있다.
음식을 먹을 때, 그 음식은 목구멍을 지나서 위로 이동한다. 위의 근육이 음식을 잘게 부수기 위해서 반복적으로 수축한다. 이런 과정 동안, 공기와 가스도 위에서 돌아다니는데 그것들의 움직임이 그 이상한 소리를 내는 것이다!
위는 늘 움직이고 있으며 소리를 낸다. 당신이 무언가를 먹을 때는, 그 꼬르륵거리는 소리가 매우 낮아서 거의 들을 수 없다. 이것은 위에 있는 음식이 대부분의 소리를 흡수하기 때문이다. 하지만 위가 비어 있으면, 그 빈 공간이 소리를 훨씬 더 크게 만든다. 그것이 배에서 꼬르륵거리는 소리가 날 때, 우리 중 일부가 배가 고프다고 생각하는 이유이다.
당신의 배가 꼬르륵거리는가? 당신은 배고픔을 느끼지 않을 수도 있지만, 그 소리는 당신의 위가 비어 있다는 신호이다.

15 요리가 된 뚜껑

pp. 48~49

구문해석 Clear 게다가 그 덮개는 너무 맛있어서 / 점점 더 많은 사람들이 그것들을 원했다

1 ② **2** ④ **3** They usually eat dinner late. **4** ① 덮다 ② 빵 ③ 고기 ④ 파리

해설 **1** 스페인 음식인 타파스가 어떻게 생겨나게 되었는지 설명한 글이므로 ② '타파스의 유래'가 주제로 알맞다.
해석 ① 타파스를 만드는 방법 ③ 타파스의 다양한 재료
④ 스페인에서 가장 인기 있는 음식 ⑤ 스페인의 음식 문화
2 ④ 파리가 꼬이게 한 것은 타파스가 아니라 달콤한 음료였다.
3 스페인 사람들은 주로 저녁을 늦게 먹어서 식사 사이에 배가 고플 때 타파스를 먹는다고 했다.
해석 스페인 사람들은 왜 식간에 타파스를 먹는가?

직독 직해

❶ Tapas are bite-sized food / **that** Spanish people enjoy. The name comes
타파스는 한 입 크기의 음식이다 스페인 사람들이 즐겨 먹는 그 이름은 스페인어 동사
from the Spanish verb *tapar*, / meaning "to cover." ❷ **There is** an interesting
tapar에서 왔다 '덮다'를 의미하는 흥미로운 이야기가 하나 있다
story / about the origin of tapas.
타파스의 유래에 관한
Spanish people have always enjoyed sweet drinks. In the past, however, they
스페인 사람들은 항상 달콤한 음료를 즐겨 마셨다 그러나 과거에 그들은 한 가지 문제점이
had a problem. The sweet drinks attracted small flies, / and the flies often
있었다 그 달콤한 음료가 작은 파리들을 꼬이게 했다 그리고 그 파리들은 자주 그
fell into the drinks. A restaurant came up with a solution / to this problem.
음료 안으로 빠졌다 한 식당이 한 가지 해결책을 생각해 냈다 이 문제에 대한
It started to serve thin slices of bread or meat / on top of the glasses of sweet
그 식당은 얇은 빵 조각이나 고기 조각을 얹어 제공하기 시작했다 달콤한 음료의 유리잔 위에
drinks. This kept flies out of the sweet drinks. ❸ Besides, the covers tasted **so**
이것은 달콤한 음료에 파리가 꼬이지 않게 했다 게다가, 그 덮개는 매우 맛있어서
good / **that** more and more people wanted them. As a result, restaurants
점점 더 많은 사람들이 그것들을 원했다 그 결과 식당들은 사용하기 시작했다
began to use / additional ingredients. Now, there are thousands of tapas
추가적인 재료들을 현재 수천 개의 타파스 요리법이 있다
recipes.

Tapas have become the perfect snack / because Spanish people usually eat
타파스는 완벽한 간식이 되었다 스페인 사람들은 보통 저녁을 늦게 먹기 때문에

구문 풀이

❶ that은 bite-sized food를 선행사로 하는 목적격 관계대명사
❷ There is + 단수 명사: ~가 있다
❸ so + 형용사/부사 + that ...: 매우 ~해서 …하다

dinner late. When they are hungry between meals, / they order a drink and
그들은 식간에 배가 고플 때 그들은 식당에서 음료를 주문하고

eat tapas at the restaurant.
타파스를 먹는다

❹ **The next time** you visit Spain, / try **as** many tapas **as you can**!
다음번에 당신이 스페인을 방문하면 가능한 한 많은 타파스를 먹어 봐라

❹ 「The next time + 주어 + 동사」는 '다음번에 ~할 때'로 해석
as ~ as you can: 당신이 할 수 있는 한 ~

해석 타파스는 스페인 사람들이 즐겨 먹는 한 입 크기의 음식이다. 그 이름은 '덮다'라는 의미의 스페인어 동사 tapar에서 왔다. 타파스의 유래에 관한 흥미로운 이야기가 있다.

스페인 사람들은 항상 달콤한 음료를 즐겨 마셨다. 그러나 과거에 그들에게는 한 가지 문제점이 있었다. 그 달콤한 음료가 작은 파리들을 꼬이게 했고, 그 파리들은 자주 그 음료 안으로 빠졌다. 한 식당이 이 문제에 대한 한 가지 해결책을 생각해 냈다. 그 식당은 달콤한 음료의 유리잔 위에 얇은 빵 조각이나 고기 조각을 얹어 제공하기 시작했다. 이것은 달콤한 음료에 파리가 꼬이지 않게 했다. 게다가, 그 덮개는 매우 맛있어서 점점 더 많은 사람들이 그것들을 원했다. 그 결과, 식당들은 추가적인 재료들을 사용하기 시작했다. 현재 수천 개의 타파스 요리법이 있다.

스페인 사람들은 보통 저녁을 늦게 먹기 때문에 타파스는 완벽한 간식이 되었다. 그들은 식간에 배가 고플 때, 식당에서 음료를 주문하고 타파스를 먹는다.

다음번에 당신이 스페인을 방문하면, 가능한 한 많은 타파스를 먹어 봐라!

16 노벨상처럼, 노벨상과 다르게?

pp. 50~51

구문해석 Clear 비록 그 연구들이 쓸모없게 들리지만 / 그것들은 사람들이 웃고 다시 생각하게 만든다

1 ② **2** ② **3** The Ig Nobel Prize is a parody of the Nobel Prize.
4 ① autumn ② benefits ③ serious ④ extraordinary ⑤ laugh

해설 **1** 이그노벨상이 무엇인지와 그 상이 어떤 의의를 가지는지를 설명하는 글이다.

2 ⓑ '그들의 연구가 황당하다'라는 의미이므로 현재분사 embarrassing이 되어야 한다.

3 두 번째 문단 도입부에 이그노벨상이 노벨상의 패러디라고 나와 있다.

4 해석

	노벨상	이그노벨상
언제	매년 가을	
수상작	인류에게 큰 혜택을 주는 업적	재미있고 기이한 과학적인 연구
특징	진지한	사람들을 웃고 다시 생각하게 한다

직독 직해

Every autumn, a strange science award is announced. It happens just before
매년 가을에 한 이상한 과학상이 발표된다 그것은 유명한 노벨상이 수여되기

the famous Nobel Prize is awarded. The ceremony is held in Harvard
직전에 행해진다 시상식은 하버드 대학교의 샌더스 극장에서 열린다

University's Sanders Theater. The strange award is the Ig Nobel Prize.
그 이상한 상은 이그노벨상이다

❶ Do you think / that the name **sounds similar** to the Nobel Prize? The
당신은 생각하는가 그 이름이 노벨상과 비슷하게 들린다고 이그노벨

Ig Nobel Prize is a parody of the Nobel Prize. ❷ **While** the Nobel Prize is
상은 노벨상의 패러디이다 노벨상이 진지한 반면

serious / and the winners' achievements give great benefits to mankind, /
그리고 수상자들의 업적이 인류에게 큰 혜택을 준다

the Ig Nobel Prize celebrates fun and extraordinary scientific research. When
이그노벨상은 재미있고 기이한 과학 연구를 기념한다 당신이 수

you see the winners' list, / you will realize that / their studies are unique
상자들의 목록을 보면 당신은 깨닫게 될 것이다 그들의 연구는 독특하고 때로는 심지어

and sometimes even embarrassing. ❸ They include, / "Do woodpeckers get
황당하기도 한 것을 그것들은 포함한다 딱따구리는 두통이 생길까

headaches / because they **keep moving** their heads?," / "Can people walk
머리를 계속 움직이기 때문에 사람이 물 위를 걸을 수 있을까

구문 풀이

❶ sound + 형용사: ~하게 들리다

❷ '반면에'라는 의미의 접속사로 서로 대조되는 내용을 연결함

❸ keep + -ing: 계속 ~하다
and so on: 기타 등등, ~ 등

on water?," **and so on.** ❹ Although the studies sound useless, / they **make**
등등 비록 그 연구들이 쓸모없게 들리지만 그것들은 사람들이

people laugh and think again, / because no one has ever thought of them
웃고 다시 생각하게 만든다 아무도 그것들을 전에 생각해 본 적이 없기 때문에

before. ❺ Crazy ideas can **make great scientific discoveries possible.**
말도 안 되는 아이디어들이 위대한 과학적 발견을 가능하게 만들 수 있다

Why don't you look for answers to unusual questions? Perhaps you can win
특이한 질문에 대한 답을 찾아보는 것은 어떤가 어쩌면 당신은 이그노벨상을 수상

the Ig Nobel Prize.
할 수 있을 것이다

❹ 「make + 목적어 + 동사원형」의 형태로 목적격보어 laugh와 think가 and로 병렬 연결됨

❺ make + 목적어 + 형용사: ~가 …하게 만들다

해석 매년 가을에 한 이상한 과학상이 발표된다. 그것은 유명한 노벨상이 수여되기 직전에 일어난다. 시상식은 하버드 대학교의 샌더스 극장에서 열린다. 그 이상한 상은 이그노벨상이다.
당신은 그 이름이 노벨상과 비슷하게 들린다고 생각하는가? 이그노벨상은 노벨상을 패러디한 것이다. 노벨상은 진지하고 수상자들의 업적이 인류에게 큰 혜택을 주는 반면, 이그노벨상은 재미있고 기이한 과학 연구를 기념한다. 수상자들의 목록을 보면, 그들의 연구는 독특하고 때로는 심지어 황당하다는 것을 알게 될 것이다. 그것들은 "딱따구리는 머리를 계속 움직이기 때문에 두통이 생길까?", "사람들이 물 위를 걸을 수 있을까?" 등을 포함한다. 비록 그 연구들이 쓸모없게 들리지만, 아무도 그것들을 전에 생각해 본 적이 없기 때문에 그것들이 사람들이 웃고 다시 생각하게 만든다. 말도 안 되는 아이디어들이 위대한 과학적 발견을 가능하게 만들 수 있다.
특이한 질문들에 대한 답을 찾아보는 것은 어떤가? 어쩌면 당신은 이그노벨상을 수상할 수 있을 것이다.

Review Test

| **어휘 Review** |

A 1 ⓑ 2 ⓒ 3 ⓐ 4 ⓓ B 1 serious 2 useless 3 similar 4 embarrassing
C 1 make fun of my mistake 2 be able to tell 3 to come up with 4 be allowed to work

| **구문 Review** |

A 1 그녀가 똑똑하다는 2 우리가 경기에서 이겼다는 3 지구가 둥글다는
B 1 그가 파티에 올 것인지 2 비록 나는 피곤했지만 3 몸이 병과 싸우고 있다는 신호
C 1 is so popular that 2 Although the award sounds strange

해설 | **어휘 Review** |

A 해석 1 빈 – ⓑ 안에 아무것도 없는
2 덮다 – ⓒ 어떤 것을 위에 놓거나 펼치다
3 금지하다 – ⓐ 어떤 것을 해서는 안 된다고 말하다
4 기원 – ⓓ 무언가가 시작하는 지점이나 장소

B 해석 1 Mike는 항상 그의 일에 진지하다.
2 그녀는 쓸모없는 것들에 돈을 낭비한다.
3 이 동화는 구성이 '신데렐라'와 비슷하다.
4 그의 질문은 다소 이상하고 때때로 당혹스럽기까지 하다.

C 1 make fun of: ~을 놀리다
2 be able to: ~을 할 수 있다
3 come up with: ~을 생각해 내다
4 be allowed to: ~하는 것이 허용되다

UNIT 5

GUESS & CHECK

17 피곤한 / 조심하는 / 섭취 / 방해하다 / ~ 대신에
18 기대하다 / (음식을) 제공하다 / 지폐 / 대접하다 / 실망한
19 작곡가 / 공항 / 횡단보도 / 누르다 / 기념하다
20 잠수하다 / 해초 / 모으다 / 전문가 / 해양의

17 카페인을 조심하세요!

pp. 56~57

구문해석 Clear 커피나 에너지 음료를 마시는 것은 / 한 방법이다

1 ⑤ **2** ③ **3** 커피나 에너지 음료뿐만 아니라 콜라, 초콜릿 바, 차 등에도 카페인이 들어 있기 때문에
4 ① less tired ② sleep ③ growth ④ water ⑤ juice

해설 **1** 카페인을 과도하게 섭취하는 것은 건강에 해롭고, 생각보다 많은 곳에 함유되어 있으므로 조심해야 한다는 내용의 글이다.

2 카페인이 커피에만 들어 있는 것이 아니라는 내용에 대한 구체적인 예를 설명하고 있으므로 ③ for example(예를 들면)이 알맞다.
해석 ① 그러나 ② 그러므로 ④ 게다가 ⑤ 대신에

3 커피뿐만 아니라 우리가 일상적으로 즐기는 콜라, 초콜릿 바, 차 등에도 카페인이 들어 있기 때문이라고 했다.

4 해석 카페인
효과 – 카페인은 당신이 피곤함을 덜 느끼게 한다.
문제점 – 너무 많은 카페인은 당신의 수면과 성장에 영향을 줄 수 있다.
해결책 – 물이나 신선한 주스를 마셔라.

직독 직해

When you are feeling tired, / there are many different ways / to wake
당신이 피곤하다고 느낄 때 여러 가지 다양한 방법이 있다 스스로를 정신이 들게
yourself up. ❶ **Drinking** coffee or energy drinks / **is** one way. After
하는 커피나 에너지 음료를 마시는 것은 한 방법이다 그것들을 마신 후에
drinking them, / you feel less tired. This is because of the caffeine in them.
당신은 피곤함을 덜 느낀다 이것은 그 안에 들어 있는 카페인 때문이다
Caffeine can be helpful, / but be careful / not to have it too much.
카페인은 도움이 될 수 있다 그러나 조심해라 그것을 너무 많이 섭취하지 않도록
❷ **Even if** you do not drink / a lot of coffee or energy drinks, / you may
비록 당신이 마시지 않더라도 많은 커피와 에너지 음료를 당신은 사실상
actually be getting much more caffeine / than you think. A cup of coffee has
훨씬 더 많은 카페인을 섭취하고 있을지도 모른다 당신이 생각하는 것보다 커피 한 잔에는 약 150mg의
about 150 mg of caffeine. But caffeine is not only found in coffee. A can of
카페인이 들어 있다 그러나 카페인은 커피에서만 발견되는 것은 아니다 예를 들면 콜라
Coke, for example, has about 36 mg of caffeine. A chocolate bar has 16 mg, /
한 캔에도 약 36mg의 카페인이 들어 있다 초콜릿 바 한 개에는 16mg이 들어 있다
and a cup of tea has 30 mg. The numbers add up quickly! ❸ **As** a teenager, /
그리고 차 한 잔에는 약 30mg이 들어 있다 그 숫자들은 빠르게 더해진다 십 대로서
your daily caffeine intake should be **less than** 100 mg. ❹ So pay attention to /
당신의 하루 카페인 섭취량은 100mg 미만이어야 한다 따라서 주의를 기울여라
what you eat and drink.
당신이 먹고 마시는 것에
Too much caffeine can disturb your sleep / and affect your growth. ❺ **Try**
너무 많은 카페인은 수면을 방해할 수 있다 그리고 성장에 영향을 미친다 물이나
drinking water or fresh juice / instead of drinks with caffeine in them.
신선한 주스를 마셔 봐라 그 안에 카페인이 들어 있는 음료 대신에
❻ And if you **feel tired**, / get more sleep!
그리고 당신이 피곤하다고 느끼면 잠을 더 자라

구문 풀이

❶ 동명사구 주어는 단수 취급하여 단수 동사 is가 와야 함

❷ even if는 '비록 ~이긴 하지만'의 의미를 나타내는 양보의 접속사

❸ as는 '~로서'라는 의미의 전치사로 쓰임
less than: ~ 미만 (↔ more than)

❹ 관계대명사 what(~하는 것)이 이끄는 절이 전치사 to의 목적어 역할을 함

❺ try+-ing: ~을 해 보다

❻ feel + 형용사: ~하게 느끼다

해석 당신이 피곤하다고 느낄 때, 스스로 정신이 들게 하는 여러 가지 다양한 방법이 있다. 커피나 에너지 음료를 마시는 것은 한 가지 방법이다. 그것들을 마신 후, 당신은 피곤함을 덜 느낀다. 이것은 그 안에 들어 있는 카페인 때문이다.
카페인은 도움이 될 수 있지만, 너무 많이 섭취하지 않도록 조심해라. 비록 당신이 커피나 에너지 음료를 많이 마시지 않더라도 사실상 당신이 생

각하는 것보다 훨씬 더 많은 카페인을 섭취하고 있을지도 모른다. 커피 한 잔에는 약 150mg의 카페인이 들어 있다. 그러나 카페인은 커피에서만 발견되는 것은 아니다. 예를 들면 콜라 한 캔에도 약 36mg의 카페인이 들어 있다. 초콜릿 바 한 개에는 16mg이 들어 있고, 차 한 잔에는 30mg이 들어 있다. 그 숫자들은 빠르게 더해진다. 십 대로서, 당신의 하루 카페인 섭취량은 100mg 미만이어야 한다. 따라서 당신이 먹고 마시는 것에 주의를 기울여라.

너무 많은 카페인은 수면을 방해하고 성장에 영향을 미칠 수 있다. 카페인이 들어 있는 음료 대신에 물이나 신선한 주스를 마셔 봐라. 그리고 당신이 피곤하다고 느끼면, 잠을 더 자라!

18 겉으로 판단하지 마세요!

pp. 58~59

구문해석 Clear 그런데 그 남자가 저녁 식사를 마친 후 / 놀라운 일이 일어났다
그들은 자신들의 행운에 놀랐다.

1 ③ **2** ② **3** (A) a one-dollar bill (B) a one hundred-dollar bill **4** ① poor ② one hundred-dollar ③ surprised ④ good ⑤ one-dollar ⑥ disappointed

해설 **1** 음식점 종업원들이 한 손님의 낡은 옷차림을 보고 불친절한 서비스를 제공했다는 내용의 글이므로 ③ '겉만 보고 사람을 판단하지 마라.'라는 의미의 속담이 알맞다.

해석 ① 무소식이 희소식이다. ② 피는 물보다 진하다.
④ 어려울 때 친구가 진정한 친구이다. ⑤ 누군가의 쓰레기가 누군가에게는 보물이다.

2 a surprising thing은 바로 다음 문장의 내용을 가리킨다. 즉, 낡은 옷차림의 손님이 종업원들에게 거액의 팁을 준 것을 나타낸다.

3 (A) 손님이 오늘 준 팁으로 1달러짜리 지폐 한 장을 가리킨다.
(B) 손님이 지난주에 준 팁으로 100달러짜리 지폐 한 장을 가리킨다.

4 해석

	첫 번째 방문	두 번째 방문
종업원들이 제공한 서비스	형편없는	좋은
종업원들이 받은 팁	100달러짜리 지폐 한 장	1달러짜리 지폐 한 장
종업원들의 기분	놀란	실망한

직독 직해

One day, a man went into a nice restaurant / to have dinner. As he walked
어느 날 한 남자가 근사한 음식점에 들어갔다 저녁을 먹기 위해 그가 들어갔을 때
in, / two waiters noticed his old clothes. ❶ **One** of them said to **the other**, /
종업원 두 명이 그의 낡은 옷을 알아봤다 그들 중 한 사람이 다른 사람에게 말했다
"That man looks poor. ❷ We can't expect a good tip from him, / so we don't
저 남자는 가난해 보여 우리는 그에게서 많은 팁을 기대할 수 없겠어 그러니 그에게
have to **give him good service**." When he was ready to order, / they didn't
좋은 서비스를 해 줄 필요가 없어 그가 주문할 준비가 되었을 때 그들은 그를 신경
pay attention to him / for a long time. They even served other customers'
쓰지 않았다 오랫동안 그들은 심지어 다른 손님의 음식을 먼저 제공했다
food first / and then served him last. When he finally got his food, / it was
그러고 나서 그의 음식을 마지막으로 제공했다 마침내 그가 음식을 받았을 때 그것은 식어
cold. But after the man finished his dinner, / a surprising thing happened.
있었다 그런데 그 남자가 저녁 식사를 마친 후에 놀라운 일이 일어났다
❸ He gave the waiters a one hundred-dollar bill / **as** a tip. They were
그가 종업원들에게 100달러짜리 지폐 한 장을 주었다 팁으로 그들은 놀랐다
surprised / at their good luck.
자신들의 행운에
The next week, the man visited the same restaurant again. The waiters
다음 주에 그 남자가 같은 음식점을 다시 방문했다 종업원들은 그를 기억했다
remembered him. ❹ **As** they wanted another big tip, / they treated him
그들은 또 한번의 많은 팁을 원했기 때문에 그들은 그를 왕처럼 대접했다
like a king. This time, however, the man only gave them a one-dollar bill.
하지만 이번에 그 남자는 그들에게 1달러짜리 지폐 한 장만을 주었다
❺ After he noticed the **disappointed** looks on their faces, / he explained
그는 그들의 얼굴에서 실망스러운 표정을 알아차린 후 그는 그 이유를 설명했다

구문 풀이

❶ 두 대상 중 하나는 one, 나머지 하나는 the other로 나타냄

❷ 「give + 간접목적어 + 직접목적어」의 형태로 '~에게 …을 주다'의 의미

❸ as는 '~로서'라는 의미의 전치사로 쓰임

❹ as는 '~이기 때문에'라는 의미로 이유를 나타내는 접속사로 쓰임

❺ '실망한'이라는 뜻의 disappointed는 감정을 나타내는 과거분사로 뒤에 있는 명사 looks를 수식함

the reason. "This tip is for last week's service. Last week's tip was for today's
이 팁은 지난주 서비스에 대한 것입니다 지난주 팁은 오늘의 서비스에 대한 것이었습니다
service."

해석 어느 날, 한 남자가 저녁을 먹으러 근사한 음식점에 들어갔다. 그가 들어갔을 때, 종업원 두 명이 그의 낡은 옷을 알아봤다. 그들 중 한 사람이 다른 사람에게 "저 남자는 가난해 보여. 우리는 그에게서 많은 팁을 기대할 수 없으니 그에게 좋은 서비스를 해 줄 필요가 없어."라고 말했다. 그가 주문할 준비가 되었을 때, 그들은 오랫동안 그를 신경 쓰지 않았다. 그들은 심지어 다른 손님의 음식을 먼저 제공하고 나서 그의 음식을 마지막으로 제공했다. 마침내 그가 음식을 받았을 때, 그것은 식어 있었다. 그런데 그 남자가 저녁 식사를 마친 후에 놀라운 일이 일어났다. 그가 종업원들에게 팁으로 100달러짜리 지폐 한 장을 주었던 것이다. 그들은 자신들의 행운에 놀랐다.
다음 주에, 그 남자가 같은 음식점을 다시 방문했다. 종업원들은 그를 기억했다. 그들은 또 한번의 많은 팁을 원해서 그를 왕처럼 대접했다. 하지만 이번에 그 남자는 그들에게 1달러짜리 지폐 한 장만을 주었다. 그는 그들의 얼굴에서 실망스러운 표정을 알아차린 후, 그 이유를 설명했다. "이 팁은 지난주 서비스에 대한 것입니다. 지난주 팁은 오늘의 서비스에 대한 것이었습니다."

19 바르샤바에 가면?

pp. 60~61

구문해석 Clear 참가자들은 음악을 연주해야 한다 / 쇼팽에 의해 작곡된

1 ③ **2** (1) F (2) F **3** score **4** ① 이름 ② 음악 ③ 악보 ④ 5년

해설 **1** 바르샤바에서 쇼팽과 관련된 많은 것들을 찾아볼 수 있다는 내용의 글이므로 ③ '바르샤바: 쇼팽의 도시'가 제목으로 알맞다.
해석 ① 폴란드에서 방문할 곳 ② 폴란드 출신의 음악가들
④ 쇼팽: 위대한 음악가 ⑤ 바르샤바: 폴란드의 수도

2 (1) 쇼팽 벤치에서 쇼팽의 음악을 들을 수 있다고 했으므로 모든 벤치에서 쇼팽의 음악을 들을 수 있는 것은 아니다.
(2) 실제 소리가 나는 것이 아니라, 연주하는 것처럼 길을 건널 수 있다고 했다.

3 '(경기 · 시합에서의) 득점'과 '악보'를 의미하는 score가 공통으로 들어가는 것이 알맞다.
해석 • 경기 후, 득점은 5대 3이었다.
• 모차르트가 쓴 악보가 이 박물관에 전시되어 있다.

직독 직해

If you like Chopin, / you should visit Warsaw, the capital of Poland! Chopin
만약 당신이 쇼팽을 좋아한다면 당신은 폴란드의 수도인 바르샤바를 방문해야 한다 쇼팽은 폴란
was born in Poland / and grew up in Warsaw. ❶ He is **one of the greatest**
드에서 태어났다 그리고 바르샤바에서 자랐다 그는 위대한 작곡가 중 한 명이다
composers, / and the Polish are proud of him. ❷ Today you can find many
그리고 폴란드인들은 그를 자랑스러워한다 오늘날 당신은 많은 것을 발견할 수 있다
things / **related** to Chopin in Warsaw.
바르샤바에서 쇼팽과 관련된
❸ You enter Chopin's World / **as soon as** you arrive at Warsaw Airport.
당신은 쇼팽의 세계에 들어간다 바르샤바 공항에 도착하자마자
Warsaw's main airport is named Warsaw Chopin Airport. Visit the Palace of
바르샤바의 주 공항은 바르샤바 쇼팽 공항이라고 이름 지어졌다 문화 과학 궁전을 방문해라
Culture and Science, / and you will see the crosswalk in front of it. ❹ The
그러면 당신은 그 앞에 있는 횡단보도를 볼 것이다 그 횡단보
crosswalk **looks like** a piano keyboard. ❺ You can cross the street / **as if**
도는 피아노 건반처럼 보인다 당신은 길을 건널 수 있다 마치 피아노
you are playing the piano. If you get tired, / look for Chopin benches on the
를 연주하고 있는 것처럼 만약 당신이 피곤해지면 바르샤바 거리에 있는 쇼팽 벤치를 찾아라
streets of Warsaw. If you press a button on these benches, / you can listen
이 벤치에 있는 버튼을 누르면 당신은 쇼팽의 음악을
to some of Chopin's music. Also, be sure to visit the Fryderyk Chopin
들을 수 있다 또한 바르샤바 음악원을 꼭 방문해라
University of Music. One of its walls is decorated / with his musical scores.
그곳의 벽들 중 하나가 장식되어 있다 그의 악보로
If you are lucky, / you can see the world-famous International Chopin Piano
만약 당신이 운이 좋다면 당신은 세계적으로 유명한 국제 쇼팽 피아노 경연 대회를 볼 수 있다

구문 풀이

❶ one of the + 형용사의 최상급 + 복수 명사: 가장 ~한 …들 중 하나
❷ related는 '관련된'이라는 의미의 과거분사로 앞의 명사 many things를 수식
❸ as soon as: ~하자마자
❹ look like + 명사: ~처럼 보인다
❺ as if: 마치 ~인 것처럼 (= as though)

Competition. ❻ It is held in Warsaw every five years / **to celebrate** Chopin.
그것은 바르샤바에서 5년마다 열린다 / 쇼팽을 기념하기 위해서
The participants must play music / written by Chopin. ❼ **Although** Chopin
참가자들은 음악을 연주해야 한다 / 쇼팽에 의해 작곡된 / 쇼팽은 오래전에 죽었지만
died a long time ago, / Warsaw will remember him forever.
바르샤바는 그를 영원히 기억할 것이다

❻ to celebrate: 목적을 나타내는 부사적 용법의 to부정사
❼ 양보를 나타내는 접속사로 '~이긴 하지만'의 의미

해석 만약 당신이 쇼팽을 좋아한다면, 당신은 폴란드의 수도인 바르샤바를 방문해야 한다! 쇼팽은 폴란드에서 태어났고 바르샤바에서 자랐다. 그는 위대한 작곡가 중 한 명이고, 폴란드인들은 그를 자랑스러워한다. 오늘날 당신은 바르샤바에서 쇼팽과 관련된 많은 것을 발견할 수 있다.
당신은 바르샤바 공항에 도착하자마자 쇼팽의 세계에 들어간다. 바르샤바의 주 공항은 '바르샤바 쇼팽 공항'이라고 이름 지어졌다. 문화 과학 궁전을 방문해라, 그러면 당신은 그 앞에 있는 횡단보도를 볼 것이다. 그 횡단보도는 피아노 건반처럼 보인다. 당신은 마치 피아노를 연주하고 있는 것처럼 길을 건널 수 있다. 만약 당신이 피곤해지면, 바르샤바 거리에 있는 쇼팽 벤치를 찾아라. 이 벤치의 버튼을 누르면, 당신은 쇼팽의 음악을 들을 수 있다. 또한, 바르샤바 음악원을 꼭 방문해라. 그곳의 벽들 중 하나가 그의 악보로 장식되어 있다.
만약 당신이 운이 좋다면, 세계적으로 유명한 국제 쇼팽 피아노 경연 대회를 볼 수 있다. 그것은 쇼팽을 기념하기 위해 5년마다 바르샤바에서 열린다. 참가자들은 쇼팽에 의해 작곡된 음악을 연주해야 한다. 쇼팽은 오래전에 죽었지만, 바르샤바는 그를 영원히 기억할 것이다.

20 제주에 사는 인어공주

pp. 62~63

구문해석 Clear 나의 수중 수확물을 모을 때 / 나는 최대 2분까지 숨을 참는다

1 ⑤ **2** ② **3** 해녀의 독특한 호흡 기법이고, 다른 해녀들에게 자신의 위치를 알려준다.
4 ① oxygen mask ② breathing ③ three ④ experience

해설 **1** 이 글은 해녀를 소개하는 글이므로 ⑤ '제주도의 놀라운 잠수부: 해녀'가 제목으로 알맞다.
해석 ① 위험한 직업, 해녀 ② 해녀처럼 잠수하는 방법
③ 제주도의 독특한 해양 생물 ④ 해녀가 그들의 수확물을 모으는 곳

2 ② 해녀들은 잠수를 할 때 산소 마스크를 착용하지 않는다고 했다.

3 해수면으로 올라왔을 때 숨비소리를 내는데, 이는 해녀들만의 독특한 호흡법이자 다른 해녀들에게 자신이 어디 있는지 알려주는 역할을 한다고 했다.

4 해석 해녀에 관한 특별한 것
1. 산소 마스크 없이 잠수한다
2. 독특한 호흡법을 가지고 있다
3. 그들의 경험에 따라 세 그룹으로 나누어진다

직독 직해

Hi, I'm 60 years old and live on Jeju Island in Korea. ❶ People **call me "the mermaid of Jeju Island."** ❷ Do you wonder / **why people call** me that?
안녕하세요, 나는 60살이고 한국의 제주도에 산다 / 사람들은 나를 '제주의 인어'라고 부른다 / 너는 궁금하니 / 왜 사람들이 나를 그렇게 부르는지
That's because I'm a haenyeo.
그것은 내가 해녀이기 때문이다
❸ Every day, I dive deep under the sea / **to catch** fresh seafood and seaweed.
매일 나는 바다 속 깊이 잠수한다 / 신선한 해산물과 해초를 수확하기 위해
When I dive, I wear a wetsuit and goggles / without an oxygen mask.
내가 잠수를 할 때 잠수복을 입고 물안경을 쓴다 / 산소 마스크 없이
❹ **Collecting** my underwater harvest, / I hold my breath / for up to two minutes! ❺ When I come back up to the surface of the water, / I make a strange sound / **called** "sumbisori." It is a unique breathing technique of the haenyeo. It plays an important role. ❻ It **lets** other haenyeo **know** / **where I am**. So, when I first started this underwater work, / I practiced hard.
수중 수확물을 모을 때 / 나는 내 숨을 참는다 / 최대 2분까지 / 내가 수면으로 다시 돌아올 때 / 나는 이상한 소리를 낸다 / '숨비소리'라고 불리는 / 그것은 해녀의 독특한 호흡법이다 / 그것은 중요한 역할을 한다 / 그것은 다른 해녀들이 알게 한다 / 내가 어디 있는지 / 그래서 내가 이 수중 일을 처음 시작했을 때 / 나는 열심히 연습했다

구문 풀이

❶ call *A B*: A를 B라고 부르다
❷ 간접의문문 「의문사 + 주어 + 동사」
❸ 목적을 나타내는 to부정사의 부사적 용법
❹ 분사구문 (= When I collect ~)
❺ a strange sound를 수식하는 과거분사
❻ let + 목적어 + 동사원형: (목적어)가 ~하게 하다
간접의문문 「의문사 +주어 + 동사」

Haenyeo are experts on the sea and marine life. However, our work is
해녀는 바다와 해양 생물의 전문가이다 하지만 우리의 일은 어렵고 힘들디
difficult and dangerous, / so we usually work together. Haenyeo are divided
그래서 우리는 보통 함께 일한다 해녀는 세 개의 그룹으로
into three groups / according to the level of experience: / hagun, junggun
나누어진다 경험의 정도에 따라 하군, 중군, 상군으로
and sanggun. ⑦ Haenyeo **who** have a lot of experience / become sanggun,
많은 경험을 가진 해녀는 나처럼 상군이 된다
like me. Sanggun guide and help others.
상군은 다른 사람들을 이끌어 주고 도와준다
Being haenyeo is not easy, but I'm proud of my work.
해녀가 되는 것은 쉽지 않지만 나는 내 일을 자랑스러워한다

⑦ Haenyeo를 선행사로 하는 주격 관계대명사

해석 안녕하세요, 나는 60살이고 한국의 제주도에 살지요. 사람들은 나를 '제주의 인어'라고 불러요. 여러분은 왜 사람들이 나를 그렇게 부르는지 궁금한가요? 그것은 내가 해녀이기 때문이에요.
매일, 나는 신선한 해산물과 해초를 수확하기 위해 바다 속 깊이 잠수해요. 내가 잠수를 할 때, 나는 산소 마스크 없이 잠수복을 입고 물안경을 써요. 나는 수중 수확물을 모을 때, 숨을 최대 2분까지 참아요. 내가 수면으로 다시 돌아올 때, 나는 '숨비소리'라고 불리는 이상한 소리를 내요. 그것은 해녀의 독특한 호흡법이에요. 그것은 중요한 역할을 해요. 그것은 다른 해녀들이 내가 어디 있는지 알게 해요. 그래서 내가 이 수중 일을 처음 시작했을 때 나는 열심히 연습했어요.
해녀는 바다와 해양 생물의 전문가예요. 하지만 우리의 일은 어렵고 힘들어서 우리는 보통 함께 일해요. 해녀는 경험의 정도에 따라 하군, 중군, 상군이라는 세 개의 그룹으로 나누어져요. 많은 경험을 가진 해녀는 나처럼 상군이 돼요. 상군은 다른 사람들을 이끌어 주고 도와줘요.
해녀가 되는 것은 쉽지 않지만 나는 내 일이 자랑스러워요.

Review Test

| 어휘 Review |

A 1 disturb 2 crosswalk 3 expert 4 bill
B 1 intake 2 surprised 3 decorated 4 proud
C 1 as if 2 are divided into 3 instead of 4 as soon as

| 구문 Review |

A 1 놀란 2 그 작곡가와 관련된 3 티셔츠를 입고 있는
B 1 아침에 자전거를 타는 것은 2 유명한 작가에 의해 쓰여진 3 사자를 봤을 때
C 1 Drinking a glass of water every morning 2 Playing the guitar, she sang a song.

해설 **| 어휘 Review |**

A 해석 1 방해하다: 누군가를 중단시키다
2 횡단보도: 사람들이 길을 건널 수 있도록 특별히 표시된 장소
3 전문가: 특별한 기술이나 지식을 갖고 있는 사람
4 지폐: 종이 돈 한 장

B 해석 1 나는 네가 카페인 섭취를 매우 주의 깊게 조절해야 한다고 생각한다.
2 그는 그 결과에 놀랐다.
3 오늘 교실이 많은 풍선으로 장식되어 있다.
4 그 선생님은 그의 학생들을 자랑스러워한다.

C 1 as if: 마치 ~인 것처럼
2 be divided into: ~으로 나누어지다
3 instead of: ~ 대신에
4 as soon as: ~하자마자

UNIT 6

GUESS & CHECK

21 건조한 / 불꽃 / 마찰 / 접촉 / 올리다

22 전시하다 / 결합하다 / 사라지다 / 혁신적인 / 실패

23 상상의 / 조각상 / 정의 / 지키다 / 보호

24 기분 / 신체의 / 발달하다 / 감정 / 진정하다

21 찌릿찌릿, 정전기

pp. 58~60

구문해석 Clear 그래서 '정전기'는 말 그대로 의미한다 / 움직이지 않는 전기를

1 ③ **2** ④ **3** dry, chance, humidifier, fish tank **4** ① strong ② dangerous ③ friction ④ humidity

해설 **1** 이 글은 정전기의 정의와 그것이 발생하는 과학적 원리를 설명하고 있다.

2 정전기가 어떻게 사용될 수 있는지 그 용도에 대해서는 알 수 없다.

해석 ① 정전기는 언제 발생하는가?
② 정전기는 무엇인가?
③ 무엇이 정전기를 발생시키는가?
④ 정전기는 어떻게 사용될 수 있는가?
⑤ 정전기를 어떻게 막을 수 있는가?

3 해석 만약 당신이 있는 곳의 공기가 건조하다면, 정전기가 일어날 가능성이 더 높을 것이다. 그래서 가습기나 수조가 도움이 될 것이다.

4 해석 정전기 – 강하지만 위험하지 않음
– 마찰에 의해 발생
– 습도를 높임

직독 직해

During the winter, the air is very dry. When you touch metal, / you probably
겨울에는 공기가 매우 건조하다 금속을 만질 때 당신은 아마도 불꽃

feel something like a spark. Also, when you take off your sweater, / your hair
같은 것을 느낀다 또한 스웨터를 벗을 때 머리카락이 곤

might stand up. ❶ These things **are caused by** static electricity. But, what is
두설 수도 있다 이런 일들은 정전기에 의해 발생한다 하지만 정전기가

static electricity and what causes it?
무엇이고 그 원인은 무엇일까

The word "static" means "not moving." ❷ So "static electricity" literally
'정적인'이라는 단어는 '움직이지 않는'을 의미한다 그래서 '정전기'는 말 그대로 의미한다

means / electricity **that** doesn't move. ❸ It is **as strong as** lightning, / but it
움직이지 않는 전기를 그것은 번개만큼 강하다 하지만

is not dangerous / because it doesn't flow through your body.
위험하지 않다 당신의 몸을 통해 흐르지 않기 때문에

Static electricity is caused by friction. Friction occurs / when two things
정전기는 마찰에 의해 발생한다 마찰은 발생한다 두 가지가 서로 접촉할 때

come into contact with each other. When this happens, / the electrons move
이런 일이 일어날 때 전자는 한 물체에서 또 다른

from one object to another. Little by little, electricity builds up. When there
물체로 이동한다 조금씩 전기는 축적된다 너무 많으면

is too much, / it is released as static electricity.
그것은 정전기로 방출된다

How can this be prevented? ❹ Since dry air increases the chance of static
어떻게 이것을 막을 수 있는가 건조한 공기는 정전기의 가능성을 증가시키기 때문에

electricity, / **it** is helpful **to raise** the humidity level. ❺ You can **make** the
습도를 높이는 것은 도움이 된다 당신의 방의 공기를 덜 건조하게

air in your room **less dry** / by using a humidifier or a fish tank.
할 수 있다 가습기나 수조를 사용함으로써

구문 풀이

❶ be caused by는 '~에 의해 발생된다'라는 의미로 「be동사 + 과거분사」 형태의 수동태

❷ that은 electricity를 선행사로 하는 주격 관계대명사

❸ as + 형용사의 원급 + as: ~만큼 …한

❹ it은 가주어, to raise 이하의 to부정사구가 진주어로 쓰임

❺ make + 목적어 + 형용사: ~가 …하게 만들다

해석 겨울에는 공기가 매우 건조하다. 금속을 만질 때, 당신은 아마도 불꽃 같은 것을 느낀다. 또한, 스웨터를 벗을 때, 머리카락이 곤두설 수도 있다. 이런 일들은 정전기에 의해 발생한다. 하지만, 정전기가 무엇이고 그 원인은 무엇일까?
'정적인'이라는 단어는 '움직이지 않는'을 의미한다. 그래서 '정전기'는 말 그대로 움직이지 않는 전기를 의미한다. 그것은 번개만큼 강하지만, 당신의 몸을 통해 흐르지 않기 때문에 위험하지 않다.
정전기는 마찰에 의해 발생한다. 마찰은 두 가지가 서로 접촉할 때 발생한다. 이런 일이 일어날 때, 전자는 한 물체에서 또 다른 물체로 이동한다. 조금씩, 전기는 축적된다. 너무 많으면 정전기로 방출된다.
어떻게 이것을 막을 수 있는가? 건조한 공기는 정전기의 가능성을 증가시키기 때문에 습도를 높이는 것은 도움이 된다. 가습기나 수조를 사용함으로써 방의 공기를 덜 건조하게 할 수 있다.

22 실패를 환영합니다!

pp. 70~71

구문해석 Clear 그래서 그 회사는 결합하기로 결정했다 / 사람들이 원하는 것을 / 그리고 그것들을 하나의 음료로 섞었다

1 ② 2 ④ 3 failed products 4 ① coffee ② soft drink ③ taste ④ keyboard ⑤ recognize

해설 1 실패한 제품인 '코카콜라 블랙'과 '뉴턴'이 성공의 밑바탕이 되었다는 사례를 통해 실패 박물관의 취지를 알 수 있다.

2 wrote의 목적어 역할을 하며, understand의 목적절을 이끄는 관계대명사 what이 들어가는 것이 알맞다.

3 실패 박물관은 보통 박물관과는 다르게 위대한 작품이 아닌 실패한 제품을 전시한다고 했다.
해석 스웨덴의 실패 박물관은 실패한 제품을 전시하기 때문에 독특하다.

4 해석

코카콜라 블랙	애플사의 뉴턴
커피와 탄산음료의 혼합물	키보드가 없는 메시지 패드
사람들은 그 맛을 싫어했다.	그것은 때때로 쓰여진 말을 인식하지 못했다.

직독 직해

❶ Most museums exhibit great works. However, there is a museum in
대부분의 박물관은 위대한 작품을 전시한다 그러나 스웨덴에 박물관이 있다
Sweden / **that** is different from usual museums. Let's look at some of the
보통의 박물관과는 다른 그곳의 몇 가지 전시품들을 살펴보자
displays there.

One of the displays is Coca-Cola BlāK. The Coca-Cola Company found that
전시품들 중 하나는 코카콜라 블랙이다 코카콜라 회사는 사람들이 커피를 좋아한다는 것을 알게
people liked coffee / and also liked soft drinks. ❷ So, the company **decided**
되었다 그리고 또한 탄산음료도 좋아한다는 것을 그래서 그 회사는 결합하기로 결정했다
to combine / **what** people wanted / and mixed them into one drink. ❸ The
사람들이 원하는 것을 그리고 그것들을 하나의 음료로 섞었다 그 아이
idea **seemed great**. However, the new drink disappeared after two years /
디어는 훌륭해 보였다 그러나 그 새로운 음료는 2년 후에 사라졌다
because consumers didn't like the taste. ❹ Nevertheless, the Coca-Cola
소비자들이 그 맛을 좋아하지 않았기 때문에 그럼에도 불구하고 코카콜라 회사는 멈추지 않았다
Company never **stopped** / **making** new soft drinks.
새로운 탄산음료 만드는 것을

Another item on display is Apple's message pad, the Newton. It was
또 다른 전시품은 애플의 메시지 패드인 뉴턴이다 그것은 혁신적이었다
innovative / because it didn't have a keyboard. Instead, it had a special
키보드가 없었기 때문에 대신에 그것은 특별한 종류의 펜이 있었다
type of pen / and recognized handwriting. But there was a big problem.
그리고 손으로 쓴 것을 인식했다 그러나 한 가지 큰 문제가 있었다
Sometimes, it didn't understand / what users wrote. If someone wrote,
때때로 그것은 이해하지 못했다 사용자가 쓴 것을 만약 누군가가 '내일 엄마와 점심
"Lunch with Mom tomorrow," / it would type "Take a taxi to town."
식사'라고 쓰면 그것은 '시내까지 택시를 타고 가세요.'라고 입력할지 모른다
However, it wasn't a total failure. It helped the success of the iPhone.
하지만 그것은 완전한 실패는 아니었다 그것은 아이폰의 성공을 도왔다

구문 풀이

❶ that 이하는 주격 관계대명사절로 선행사 a museum을 수식

❷ decide + to부정사: ~하기로 결정(결심)하다
what은 선행사를 포함하는 관계대명사로 '~하는 것'의 의미

❸ seem + 형용사: ~하게 보이다

❹ stop + -ing: ~하는 것을 멈추다
cf. stop + to부정사: ~하기 위해 멈추다

What do Coca-Cola BlāK and the Newton have in common? They both
코카콜라 블랙과 뉴턴의 공통점은 무엇인가 그것들은 둘 다 실패했다
failed! This special museum, the Museum of Failure, is actually for failed
이 특별한 박물관, 실패 박물관은 사실상 실패한 제품들을 위한 곳이다
products. ❺ It shows / **that** you can learn from failure / and it can lead to
그것은 보여 준다 당신은 실패로부터 배울 수 있다는 것을 그리고 실패는 성공으로 이어
success.
질 수 있다는 것을

❺ that은 shows의 목적어 역할을 하는 명사절을 이끄는 접속사

해석 대부분의 박물관은 위대한 작품을 전시한다. 그러나 스웨덴에 보통의 박물관과는 다른 박물관이 있다. 그곳의 몇 가지 전시품들을 살펴보자.
전시품들 중 하나는 코카콜라 블랙이다. 코카콜라 회사는 사람들이 커피를 좋아하고 또한 탄산음료도 좋아한다는 것을 알게 되었다. 그래서 그 회사는 사람들이 원하는 것을 결합하기로 결정했고 그것들을 하나의 음료로 섞었다. 그 아이디어는 훌륭해 보였다. 하지만 소비자들이 그 맛을 좋아하지 않았기 때문에 그 새로운 음료는 2년 후에 사라졌다. 그럼에도 불구하고, 코카콜라 회사는 새로운 탄산음료 만드는 것을 멈추지 않았다.
또 다른 전시품은 애플의 메시지 패드인 뉴턴이다. 그것은 키보드가 없었기 때문에 혁신적이었다. 대신에, 특별한 종류의 펜이 있었고 손으로 쓴 것을 인식했다. 그러나 한 가지 큰 문제가 있었다. 때때로 그것은 사용자가 쓴 것을 이해하지 못했다. 만약 누군가가 '내일 엄마와 점심 식사'라고 쓰면, '시내까지 택시를 타고 가세요.'라고 입력할지 모른다. 하지만 그것은 완전한 실패는 아니었다. 그것은 아이폰의 성공을 도왔다.
코카콜라 블랙과 뉴턴의 공통점은 무엇인가? 그것들은 둘 다 실패했다! 이 특별한 박물관, 실패 박물관은 사실상 실패한 제품들을 위한 곳이다. 그것은 당신이 실패로부터 배울 수 있고, 실패는 성공으로 이어질 수도 있다는 것을 보여 준다.

23 해태야, 넌 누구니?

pp. 72~73

구문해석 Clear 이곳들은 장소들이다 / 정의가 수호되어야 하는

1 ② **2** ⑤ **3** 해태가 경복궁을 수 세기 동안 지켜온 것처럼 서울을 지켜 줄 것을 바라기 때문에
4 ① wise ② right ③ wrong ④ fires ⑤ disasters

해설 **1** 서울의 일부 장소에서 해태상을 볼 수 있는 것은 해태가 지닌 중요한 특징 때문이라고 했으므로 ② '해태의 특징을 설명하려고'가 글의 목적으로 알맞다.

해석 ① 서울시의 새로운 마스코트를 홍보하려고
③ 화재를 막아주는 관습을 소개하려고
④ 해태의 겉모습을 묘사하려고
⑤ 경복궁의 역사를 말해 주려고

2 (A)의 it은 앞서 언급된 Haetae를 가리키고, (B)의 it은 앞 문장의 Gyeongbokgung Palace를 가리킨다.

3 해석 서울시는 왜 해태를 마스코트로 사용하는가?

4 해석 해태 1. 그것은 현명해서 옳은 것과 그른 것을 구별할 수 있었다.
2. 그것은 화재와 재난으로부터 건축물을 보호할 수 있었다.

직독 직해

❶ **Have you ever heard** of an imaginary animal / called Haetae? If you
당신은 상상의 동물에 대해 들어본 적이 있는가 '해태'라고 불리는 당신이 서울의
visit some places in Seoul, / you will see statues of this animal. ❷ Haetae has
몇몇 장소를 방문한다면 이 동물의 조각상을 볼 수 있을 것이다 해태는 큰 눈과
big eyes and horns, / and **looks like** a lion. In the past, people placed the
뿔을 가지고 있다 그리고 사자처럼 보인다 과거에 사람들은 해태상을 놓았다
statues of Haetae / in front of some buildings / because they believed / it
몇몇 건물들 앞에 그들은 믿었기 때문이다 해태
had some important characteristics.
에게 몇 가지 중요한 특징이 있다는 것을
❸ First of all, Haetae **was considered wise** / because it could tell / what
우선 해태는 현명하다고 여겨졌다 그것은 구별할 수 있었기 때문에 무엇이 옳고
was right and what was wrong. This is why there are Haetae statues / in
그른지를 이것이 해태상이 있는 이유이다 경복궁과

구문 풀이

❶ Have you ever + 과거분사 ~?: 당신은 ~해 본 적이 있는가? (현재완료의 '경험'의 의미)
❷ look like + 명사: ~처럼 보인다
❸ 「consider + 목적어 + 목적격보어(형용사)」의 5형식 문장이 수동태로 쓰임

places like Gyeongbokgung Palace and the National Assembly building.
국회 의사당 같은 곳에

These are places / where justice should be protected. Haetae also kept fires
이곳들은 장소들이다 정의가 수호되어야 하는 해태는 또한 화재와 재난을

and disasters away. Gyeongbokgung Palace is a wooden structure, / so it
막아주었다 경복궁은 목조 건물이다 그래서 불이

can catch fire easily. Therefore, people put Haetae statues in front of it / for
쉽게 붙을 수 있다 그러므로 사람들은 그 앞에 해태상을 두었다 보호를

protection.
위해

Haetae has another name. ❹ Seoul **made Haetae its mascot**, / and the
해태는 또 다른 이름이 있다 서울시는 해태를 마스코트로 삼았다 그리고 그 캐릭터는

character was named "Haechi." ❺ The people of Seoul hope / **that** Haechi
'해치'라고 이름 붙여졌다 아마도 서울 시민들은 바란다 해치가 그들의 도시를

will guard their city / **just as** Haetae has guarded Gyeongbokgung Palace /
지켜주기를 해태가 경복궁을 지켜온 것처럼

for centuries.
수 세기 동안

❹ make + 목적어 + 목적격보어(명사): ~을 …으로 만들다
❺ that은 hope의 목적절을 이끄는 명사절 접속사
just as는 '꼭 ~처럼'의 의미를 나타내는 부사절로 쓰임

해석 '해태'라고 불리는 상상의 동물에 대해 들어본 적이 있는가? 당신이 서울의 몇몇 장소를 방문한다면, 이 동물의 조각상을 볼 수 있을 것이다. 해태는 큰 눈과 뿔을 가지고 있고 사자처럼 보인다. 과거에 사람들은 해태에게 몇 가지 중요한 특징이 있다고 믿었기 때문에 해태상을 몇몇 건물들 앞에 놓았다.

우선, 해태는 무엇이 옳고 그른지 구별할 수 있었기 때문에 현명하다고 여겨졌다. 이것이 경복궁과 국회 의사당 같은 곳에 해태상이 있는 이유이다. 이곳들은 정의가 수호되어야 하는 장소들이다. 해태는 또한 화재와 재난을 막아주었다. 경복궁은 목조 건물이어서 불이 쉽게 붙을 수 있다. 그러므로 사람들은 보호를 위해 해태상을 그 앞에 두었다.

해태는 또 다른 이름이 있다. 서울시는 해태를 마스코트로 삼았는데, 그 캐릭터는 '해치'라고 이름 붙여졌다. 서울 시민들은 해태가 수 세기 동안 경복궁을 지켜온 것처럼 해치가 그들의 도시를 지켜주기를 바란다.

24 중2병이 아니에요!

pp. 74~75

구문해석 Clear 당신이 화가 나거나 속상할 때마다 / 아무 이유 없이 / 진정하려고 노력해라

1 ⑤ **2** ④ **3** normal, step back, rationally
4 ① Hormones ② physical ③ brain ④ emotions ⑤ developing

해설 **1** 십 대에 급격한 감정 변화가 왜 일어나는지에 관한 글이므로 ⑤ '십 대들의 감정은 왜 가끔 빠르게 변하는가'가 주제로 알맞다.

해석 ① 십 대들은 언제 행복한가
② 당신의 감정을 조절하는 여러 가지 방법들
③ 십 대와 성인의 차이점
④ 호르몬과 감정 간의 관계

2 ⓓ thinking → think / to think
help는 목적격보어 자리에 to부정사나 동사원형을 쓴다.

3 해석 John: 저는 친구들이랑 잘 지내는데, 가끔 아무 이유 없이 쉽게 화가 나요.
Jane 선생님: 걱정하지 마. 네가 이렇게 느끼는 것은 정상적인 거야. 만약 네가 그 상황에서 한 걸음 물러나서 생각하면, 너는 이성적으로 생각할 수 있을 거야.

4 해석 십 대들의 기분 변화의 원인
1. 호르몬이 십 대들의 신체적이고 감정적인 변화에 영향을 미친다.
2. 뇌에서, 감정과 의사 결정을 조절하는 영역이 여전히 발달하고 있다.

직독 직해

You are happy and cheerful in the morning. Later in the afternoon, / you
당신은 아침에 행복하고 활기차다 오후 늦게 당신은
suddenly feel angry or sad. Sometimes, you get very upset about small things.
갑자기 화가 나거나 슬프다 가끔 당신은 작은 일들에 매우 속상해 하기도 한다
Your mood can change quickly / for no reason. ❶ Have you ever wondered / **why this happens** to you?
당신의 기분은 빠르게 변할 수 있다 아무 이유 없이 궁금해 본 적이 있는가 당신에게 왜 이런 일이 생기는지

❷ First of all, the teenage years are **when** your body starts producing hormones.
우선 십 대는 신체가 호르몬을 생산하기 시작하는 시기이다
❸ They **cause your body to grow** rapidly, / and these physical changes can **make you feel** confused and uncomfortable.
그것들은 당신의 몸이 빠르게 자라게 한다 그리고 이러한 신체적인 변화는 당신을 혼란스럽고 불편하게 만들 수 있다
Hormones also affect your mood directly, / so your emotions may change rapidly.
호르몬은 또한 당신의 기분에 직접적으로 영향을 미친다 그래서 당신의 감정도 빠르게 변할 수 있다

Your brain also plays an important role in mood changes. ❹ The area of the brain **that** controls emotions and decision-making / is still developing.
당신의 뇌는 또한 기분 변화에 중요한 역할을 한다 감정과 의사 결정을 조절하는 뇌의 영역은 여전히 발달하고 있다
This specific area develops much later / than the other areas of your brain.
이 특정 영역은 훨씬 더 늦게 발달한다 뇌의 다른 부분보다
❺ **That is why** you sometimes react emotionally / before thinking rationally.
그것이 당신이 때때로 감정적으로 반응하는 이유이다 이성적으로 생각하기 전에

❻ **Whenever** you feel angry or upset / for no reason, / try to calm down, / and talk about your feelings with family or friends.
당신이 화가 나거나 속상할 때마다 아무 이유 없이 진정하려고 노력해라 그리고 가족이나 친구들과 당신의 감정에 대해 이야기해라
Stepping back from the situation is also helpful. It will help you think rationally!
그 상황에서 한 발짝 뒤로 물러서는 것도 도움이 된다 그것은 당신이 이성적으로 생각하도록 도와줄 것이다
❼ Remember that **it** is quite normal / **to act or feel** this way in your teens.
매우 정상적이라는 것을 기억해라 십 대 때 이런 식으로 행동하거나 느끼는 것은

구문 풀이

❶ 「why + 주어 + 동사」의 간접의문문이 동사 wondered의 목적어 역할을 함

❷ 시간을 나타내는 관계부사 when 앞에 선행사 the time이 생략됨

❸ cause + 목적어 + to부정사: ~가 …하게 하다
make + 목적어 + 동사원형: ~가 …하게 하다

❹ that 이하는 선행사 The area of the brain을 수식하는 주격 관계대명사절

❺ 「That is why + 주어 + 동사」는 '그것이 ~한 이유이다'의 의미로 앞 문장의 결과를 나타냄

❻ whenever는 '~할 때마다'의 의미로 시간의 부사절을 이끄는 복합관계부사

❼ it은 가주어, to act or feel 이하의 to부정사구가 진주어로 쓰임

해석 당신은 아침에 행복하고 쾌활하다. 오후 늦게, 당신은 갑자기 화가 나거나 슬프다. 가끔, 당신은 작은 일들에 매우 속상해 하기도 한다. 당신의 기분은 아무 이유 없이 빠르게 변할 수 있다. 왜 이런 일이 생기는지 궁금해 본 적이 있는가?
우선, 십 대는 신체가 호르몬을 생산하기 시작하는 시기이다. 그것들은 당신의 몸이 빠르게 자라게 하고, 이러한 신체적인 변화는 당신을 혼란스럽고 불편하게 만들 수 있다. 호르몬은 또한 당신의 기분에 직접적으로 영향을 미쳐서 당신의 감정도 빠르게 변할 수 있다.
당신의 뇌는 또한 기분 변화에 중요한 역할을 한다. 감정과 의사 결정을 조절하는 뇌의 영역은 여전히 발달하고 있다. 이 특정 영역은 뇌의 다른 부분보다 훨씬 더 늦게 발달한다. 그것이 당신이 이성적으로 생각하기 전에 때때로 감정적으로 반응하는 이유이다.
당신이 이유 없이 화가 나거나 속상할 때마다, 진정하려고 노력하고 가족이나 친구들과 당신의 감정에 대해 이야기해라. 그 상황에서 한 발짝 뒤로 물러서는 것도 도움이 된다. 그것은 당신이 이성적으로 생각하도록 도와줄 것이다!
십 대 때 이런 식으로 행동하거나 느끼는 것은 매우 정상적이라는 것을 기억해라.

Review Test

| 어휘 Review |

A 1 ⓒ 2 ⓑ 3 ⓓ 4 ⓐ B 1 upset 2 mascot 3 innovative 4 failure

C 1 help you calm down 2 have a lot in common 3 Step back from the situation
4 keep disasters away

| 구문 Review |

A 1 네가 한 것을 2 내가 살았던 3 물에서 사는

B 1 큰 뿔과 귀를 가진 이상한 동물을 2 네가 많은 것을 배우는 곳 3 내가 피곤하다고 느낄 때마다

C 1 what the people wanted 2 the reason why everyone likes her

해설 | 어휘 Review |

A 해석 1 전시하다 – ⓒ 공공장소에서 무언가를 보여주다
2 조각상 – ⓑ 돌이나 금속으로 만들어진 사람이나 동물처럼 생긴 무언가
3 정적인 – ⓓ 움직임이나 변화가 없는
4 감정 – ⓐ 행복, 기쁨, 두려움, 또는 분노와 같은 기분

B 해석 1 사소한 일에 대해 속상해하지 않도록 해라.
2 우리 축구팀의 마스코트는 사자가 아니라 호랑이다.
3 너의 아이디어는 혁신적이지만, 실현하기가 어렵다.
4 때때로 실패는 우리에게 성공보다 더 많은 것을 가르쳐 줄 수 있다.

C 1 calm down: 진정하다
2 have in common: 공통점이 있다
3 step back from: ~에서 한 걸음 물러나 생각하다
4 keep ~ away: ~을 멀리하다

GUESS & CHECK

25 기르다 / 유언장 / 절반 / 나누다 / 빌리다

26 때, 먼지 / 비누 / 작은 / 달라붙다 / 형성하다

27 (돈을) 벌다 / 빚 / 가치 / 감소하다 / 가치 없는

28 접시 / 일회용의 / 편리한 / 환경 / 오염

25 내 말은 몇 마리?

pp. 80~81

구문해석 Clear 첫째 아들은 말의 절반을 받는다 / 둘째 아들은 말의 1/3을 받는다 / 막내아들은 말의 1/9을 받는다

1 (1) ⓑ – ⓕ (2) ⓒ – ⓓ (3) ⓐ – ⓔ **2** ② **3** 이웃에게서 말 한 마리를 빌려 오는 것

4 ① divide ② 17(seventeen) ③ one ④ 18(eighteen) ⑤ 18(eighteen)

해설 **1** 현인의 도움으로 이웃에게서 말 한 마리를 빌려 왔고, 전체 18마리 중 첫째 아들은 1/2인 9마리를, 둘째 아들은 1/3인 6마리를, 막내아들은 1/9인 2마리를 받았다.

2 아버지의 유언장을 본 세 아들은 17을 2, 3, 9로 나눌 수 없다는 사실을 깨닫고서 혼란스러웠을 것이다.
해석 ① 신이 난 ③ 지루한 ④ 기쁜 ⑤ 놀란

3 세 아들에게 이웃으로부터 말 한 마리를 빌려 오라고 한 현인의 말에서 알 수 있다.

4 해석 문제 – 세 아들은 17마리의 말을 2, 3, 9로 나눌 수가 없었다.
해결 – 세 아들은 말 한 마리를 빌려서 18마리로 만들었다. 그들은 18마리의 말을 2, 3, 9로 나눌 수 있었다.

직독 직해

Long ago, a farmer and his three sons raised horses on a farm. When the
먼 옛날 한 농부와 그의 세 아들이 농장에서 말을 길렀다 농부가 죽었을 때
farmer died, / he left a will. ❶ It **said**, / "I **give my seventeen horses** / **to**
그는 유언을 남겼다 유언장에는 쓰여 있었다 나는 17마리의 말을 준다 나의
my three sons. My oldest son gets one half of the horses, / my middle son
세 아들에게 첫째 아들은 말의 절반을 받는다 둘째 아들은 말의 1/3을
gets one third of the horses, / and my youngest son gets one ninth of the
받는다 그리고 막내아들은 말의 1/9을 받는다
horses." ❷ The three sons were **confused** / because they could not divide 17
세 아들은 혼란스러웠다 그들은 17을 2, 3, 또는 9로 나눌 수가 없었기 때
by 2, 3, or 9. So they asked a wise man for advice. He said, / "You can solve
문에 그래서 그들은 현인에게 조언을 구했다 그는 말했다 너희는 이 문제를 해결
this problem / with a little help from your neighbor." ❸ He **told them to**
할 수 있다 이웃으로부터의 조금의 도움으로 그는 그들에게 말 한 마리를
borrow a horse / from their neighbor. Now the three sons had a total of
빌려 오라고 말했다 이웃으로부터 이제 세 아들에게는 총 18마리의 말이 있었다
eighteen horses. ❹ The wise man gave the oldest son a half of the eighteen
그 현인은 첫째 아들에게 18마리의 절반인 9마리의 말을 주었다
horses, nine horses. The middle son got one third, six horses. And the
둘째 아들은 1/3인 6마리를 받았다 그리고 막내아들은
youngest son got one ninth, two horses. He said, / "Nine plus six plus two is
1/9인 2마리를 받았다 그는 말했다 9 더하기 6 더하기 2는 17이다
seventeen. Now you can return the eighteenth horse / to your neighbor." In
이제 너희는 18번째 말을 돌려주어도 된다 너희의 이웃에게 결국
the end, everyone received / the right number of horses!
모두가 받았다 정확한 수의 말을

구문 풀이

❶ say는 '~라고 쓰여 있다'라는 수동의 의미를 지님
give + 직접목적어 + to + 간접목적어: ~에게 …을 주다(= give + 간접목적어 + 직접목적어)

❷ 세 아들이 혼란스러운 감정을 느끼므로 과거분사 confused가 사용됨

❸ tell + 목적어 + to부정사: (목적어)에게 ~하라고 말하다

❹ 콤마(,)는 동격을 나타냄

해석 먼 옛날, 한 농부와 그의 세 아들이 농장에서 말을 길렀다. 농부가 죽으면서 유언을 남겼다. 유언장에는 "나는 세 아들에게 17마리의 말을 준다. 첫째 아들은 말의 절반을 받고, 둘째 아들은 말의 1/3을, 그리고 막내아들은 말의 1/9을 받는다."라고 쓰여 있었다. 세 아들은 17을 2, 3, 또는 9로 나눌 수가 없었기 때문에 혼란스러웠다. 그래서 그들은 현인에게 조언을 구했다. 그는 "너희는 이웃으로부터 도움을 좀 받아 이 문제를 해결할 수 있다."라고 말했다. 그는 그들에게 이웃으로부터 말 한 마리를 빌려 오라고 말했다. 이제 세 아들에게는 총 18마리의 말이 있었다. 그 현인은 첫째 아들에게 18마리의 절반인, 9마리의 말을 주었다. 둘째 아들은 1/3인 6마리를 받았다. 그리고 막내아들은 1/9인 2마리를 받았다. 그는 "9 더하기 6 더하기 2는 17이다. 이제 너희는 18번째 말을 이웃에게 돌려주어도 된다."라고 말했다. 결국 모두가 정확한 수의 말을 받았다!

26 비누의 원리

pp. 82~83

구문해석 Clear 한 부분은 물을 좋아한다 / 반면에 다른 한 부분은 그것을 싫어한다

1 ② 2 ⑤ 3 비누의 분자가 두 개의 다른 부분으로 되어 있어서 4 ① different ② dirt and oil ③ water

해설 1 비누의 특성을 통해 비누가 때와 기름을 제거하는 원리를 설명하는 내용의 글이므로 ② '비누는 어떻게 때와 기름을 제거하는가'가 주제로 알맞다.

해석 ① 비누는 무엇으로 구성되어 있는가
③ 손을 잘 씻는 요령
④ 물과 기름의 관계
⑤ 왜 비누를 너무 많이 사용하면 안 되는가

2 비누 사용이 환경을 오염시킨다는 (E)의 내용은 비누의 원리를 설명하는 이 글의 주제와 관계없다.

3 서로 반대되는 특징을 지니는 비누의 분자 때문에 때나 기름기를 쉽게 제거할 수 있다고 했다.

4 해석 비누는 어떻게 작용하는가
- 비누 분자는 두 개의 다른 부분을 가지고 있다.
- 물을 싫어하는 부분은 때와 기름과 결합한다.
- 물을 좋아하는 부분은 물과 결합한다.

직독 직해

❶ We use soap every day / **to wash** our hands. / ❷ It removes dirt / and **takes it away.** ❸ Have you ever wondered / **how soap works**? Soap is made up of molecules, / and these molecules have two different parts. ❹ One part loves water, / **while** the other part hates it. When you wash your dirty hands with soap, / the water-hating parts attach / to the dirt and oil on your hands, / while the water-loving parts bind with water. ❺ So, the dirt and oil **become surrounded** / **by** soap molecules, / and they form tiny clusters. These clusters are washed away / when you rinse your hands with water. Your hands are now clean! If you wash your hands with water only, / the dirt and oil on your hands cannot be removed. ❻ **This is because** water and oil do not mix. (So, using soap can pollute the environment.) Soap works like a bridge / between water and oil, / so the dirt on your skin can be easily rinsed away.

우리는 매일 비누를 사용한다 / 우리의 손을 씻기 위해서 / 그것은 때를 제거한다 / 그리고 그것을 가져간다 / 당신은 궁금해 해 본 적이 있는가 / 어떻게 비누가 작용하는지 / 비누는 분자로 구성되어 있다 / 그리고 이 분자에는 두 개의 다른 부분들이 있다 / 한쪽은 물을 좋아한다 / 반면에 다른 한쪽은 물을 싫어한다 / 당신이 더러운 손을 비누로 씻을 때 / 물을 싫어하는 부분은 달라붙는다 / 손에 있는 때와 기름에 / 반면 물을 좋아하는 부분은 물과 뭉친다 / 그래서 때와 기름은 둘러싸이게 된다 / 비누의 분자에 의해서 / 그리고 그것들은 작은 무리를 형성한다 / 이 무리는 씻겨져 나간다 / 당신이 손을 물로 씻을 때 / 당신의 손은 지금 깨끗하다! / 만약 당신이 물로만 손을 씻는다면 / 손에 있는 때와 기름은 제거될 수 없다 / 이것은 물과 기름은 섞이지 않기 때문이다 / 그래서 비누를 사용하는 것은 환경을 오염시킬 수 있다 / 비누는 다리와 같은 역할을 한다 / 물과 기름 사이에서 / 그래서 당신의 피부에 있는 때는 쉽게 씻겨질 수 있다

구문 풀이

❶ to wash는 목적을 나타내는 부사적 용법의 to부정사
❷ 구동사 take away의 목적어가 대명사(it)이므로 take it away의 어순으로 쓰임
❸ 동사의 목적어 역할을 하는 간접의문문(의문사 + 주어 + 동사)
❹ 접속사 while은 '~인 반면에'라는 의미
❺ become surrounded by: ~에 둘러싸이게 되다
❻ This is because + 주어 + 동사: 이것은 ~가 …하기 때문이다

해석 우리는 손을 씻으려고 매일 비누를 사용한다. 비누는 때를 제거해서 가져간다. 비누가 어떻게 작용하는지 궁금해 해 본 적이 있는가? 비누는 분자로 구성되어 있고 이 분자에는 두 개의 다른 부분들이 있다. 한쪽은 물을 좋아하고, 반면에 다른 한쪽은 물을 싫어한다. 당신이 더러운 손을 비누로 씻을 때, 물을 싫어하는 부분은 손에 있는 때와 기름에 달라붙고, 반면 물을 좋아하는 부분은 물과 뭉친다. 그래서 때와 기름은 비누의 분자에 둘러싸이게 되고 그것들이 작은 무리를 형성한다. 이 무리들은 손을 물로 씻을 때 씻겨져 나간다. 당신의 손은 지금 깨끗하다! 만약 당신이 물로만 손을 씻는다면, 손에 있는 때와 기름은 제거될 수 없다. 이것은 물과 기름이 섞이지 않기 때문이다. (그래서 비누를 사용하는 것은 환경을 오염시킬 수 있다.) 비누는 물과 기름 사이에서 다리와 같은 역할을 해서 당신의 피부에 있는 때는 쉽게 씻겨질 수 있다.

27 돈을 많이 찍어 내면 좋을까?

pp. 84~85

구문해석 Clear 많은 사람들은 돈을 벌기 위해 열심히 일한다 / 하지만 생각하는 사람은 거의 없다 / 그들이 충분히 가지고 있다고

1 ⑤ **2** ③ **3** 나라의 빚을 갚기 위해 돈을 많이 찍어 내는 것

4 ① debt ② money ③ more ④ decreased ⑤ increased

해설 **1** 제1차 세계대전 이후 독일에서 많은 돈을 찍어 내면서 발생한 상황을 다루고 있으므로 ⑤ '독일에서 돈을 더 많이 찍어낸 후의 결과'가 주제로 알맞다.

해석 ① 세계에서 가장 부유한 나라 ② 우리가 돈을 버는 이유
③ 독일인들은 많은 돈을 어디에 사용했는가 ④ 제1차 세계대전 이후의 많은 다양한 변화

2 독일에 돈이 많아지면서 물가 상승으로 이어졌다고 했다.

3 바로 뒤 문장에 '계획'에 해당하는 내용이 언급되어 있다. 즉 독일 정부가 빚을 갚기 위해 돈을 많이 찍어 낸 것을 가리킨다.

4 해석 원인 (1) 독일 정부는 많은 빚을 졌다.
(2) 그들은 더 많은 돈을 찍어 냈다.
결과 (1) 독일은 더 많은 돈을 가졌다.
(2) 그 돈의 가치는 떨어졌다.
(3) 물가는 상승했다.

직독 직해

Money is an important part of our lives. ❶ Many people work hard to
돈은 우리 삶의 중요한 부분이다 많은 사람들은 돈을 벌기 위해 열심히 일한다
earn money, / but **few people** ever think / that they have enough. So, why
그러나 생각하는 사람은 거의 없다 그들이 충분히 가지고 있다고 그렇다면 그냥
don't we just print more money? Then everyone will have enough! ❷ This
돈을 더 많이 찍어 내는 것은 어떨까 그러면 모든 사람이 충분히 갖게 될 것이다 이것은
probably **sounds like** a silly idea, / but it actually happened in Germany.
아마도 어리석은 생각처럼 들린다 하지만 그 일은 실제로 독일에서 일어났다
After Germany lost World War I, / the country had a lot of debt. The
독일이 제1차 세계대전에서 패한 후 그 나라는 많은 빚을 졌다 독일 정부는
German government didn't have enough money, / so they came up with a
충분한 돈이 없었다 그래서 계획을 하나 세웠다
plan. ❸ They decided to print a lot of money / **to pay off** the country's debt.
그들은 많은 돈을 찍어 내기로 결정했다 그 나라의 빚을 갚기 위해
❹ Unfortunately, **the more** money they printed, / **the faster** its value
안타깝게도 그들이 더 많은 돈을 찍어 낼수록 그것의 가치는 더 빨리 떨어졌다
decreased. Soon, Germany had lots of money, / but the amount of goods
곧 독일은 많은 돈을 갖게 되었다 그러나 구입할 수 있는 상품들의 양은 또한
available was also limited. ❺ This **made prices increase** / and led to terrible
제한적이었다 이것은 물가를 상승시켰다 그리고 끔찍한 상황으로 이
situations. If a family wanted to buy a loaf of bread, / they had to bring a
끌었다 만약 한 가족이 빵 한 덩어리를 사고 싶다면 그들은 가방에 돈을 가득 채워
whole bag of money to the bakery. Some people began to find / other uses
빵집에 가져가야 했다 몇몇 사람들은 찾기 시작했다 그들의 가치 없는
for their worthless money. They used it as wallpaper or burned it / instead of
돈의 다른 용도를 그들은 돈을 벽지로 사용하거나 불태웠다 장작 대신
firewood.

Germany thought / that printing more money would help the country.
독일은 생각했다 더 많은 돈을 찍어 내는 것이 국가에 도움이 될 것이라고
However, it led to totally unexpected results.
하지만 그것은 완전히 예상치 못한 결과를 초래했다

구문 풀이

❶ few는 '거의 없는'으로 해석하고 「few + 셀 수 있는 명사」의 형태로 쓰임

❷ sound like + 명사(구): ~처럼 들리다

❸ to pay off는 to부정사의 부사적 용법으로 목적을 나타내고, '~하기 위해서'의 의미

❹ the + 비교급 ~, the + 비교급 …: ~하면 할수록 더 …하다

❺ make + 목적어+동사원형: ~가 …하게 하다

해석 돈은 우리 삶의 중요한 부분이다. 많은 사람들은 돈을 벌기 위해 열심히 일하지만, 돈이 충분히 있다고 생각하는 사람은 거의 없다. 그렇다면, 그냥 돈을 더 많이 찍어 내는 것은 어떨까? 그러면 모든 사람이 충분히 갖게 될 것이다! 이것은 아마도 어리석은 생각처럼 들리겠지만, 그 일은 실제로 독일에서 일어났다.

독일이 제1차 세계대전에서 패한 후, 많은 빚을 졌다. 독일 정부는 충분한 돈이 없어서 계획을 하나 세웠다. 그 나라의 빚을 갚기 위해 많은 돈을 찍어 내기로 결정했다.

안타깝게도, 그들이 더 많은 돈을 찍어 낼수록 그것의 가치는 더 빨리 떨어졌다. 곧 독일은 많은 돈을 갖게 되었지만, 구입할 수 있는 상품들의 양은 또한 제한적이었다. 이것은 물가를 상승시켰고 끔찍한 상황으로 이끌었다. 만약 한 가족이 빵 한 덩어리를 사고 싶다면, 그들은 가방에 돈을 가득 채워 빵집에 가져가야 했다. 몇몇 사람들은 그들의 가치 없는 돈의 다른 용도를 찾기 시작했다. 그들은 돈을 벽지로 사용하거나 장작 대신 불태웠다.

독일은 더 많은 돈을 찍어 내는 것이 국가에 도움이 될 것이라고 생각했다. 하지만, 그것은 완전히 예상치 못한 결과를 초래했다.

28 접시까지 먹어 볼까?

pp. 86~87

구문해석 Clear 너는 뜨겁고 차가운 음식 둘 다를 담아낼 수 있다 / 그것들 위에

1 ④ **2** ② **3** Disposable **4** ① wheat bran ② eat ③ decompose ④ hurt ⑤ useful

해설 **1** 환경을 오염시키지 않는 특별한 일회용 식기류를 소개하는 내용의 글이므로 ④ '환경을 돕기 위한 특별한 접시'가 제목으로 알맞다.

해석 ① 음식물 쓰레기를 줄이는 방법 ② 일회용 접시를 만드는 방법
③ 소풍을 위한 일회용 식기 ⑤ 성공적인 소풍을 하기 위한 조언

2 식물성 원료로 만들어졌고 어떤 화학물질도 포함하고 있지 않아서 식사 후 먹을 수 있다는 내용으로 이어져야 하므로, 빈칸에는 '그러므로'를 뜻하는 therefore가 들어가는 것이 알맞다.

해석 ① 대신에 ③ 예를 들면 ④ 마찬가지로 ⑤ 그러나

3 해석 일회용 식기는 사용 후 버리도록 제작된다.

4 해석 특별한 접시의 장점

1. 그것들은 밀기울로 만들어진다. → 사람들은 그것들을 먹을 수 있다.
2. 그것들은 30일 이내에 완전히 부패한다. → 그것들은 환경을 해치지 않는다.
3. 그것들은 유용하다. → 사람들은 그것들 위에 어떠한 종류의 음식도 담아낼 수 있다.

직독 직해

After a picnic in the park, / people usually throw away their paper
공원에서 소풍을 즐긴 후에 사람들은 보통 종이컵, 나무젓가락, 플라스틱 접시를 버린다
cups, wooden chopsticks, and plastic plates. Disposable tableware is very
일회용 식기류는 매우 편리하다
convenient, / but it creates a lot of waste. ❶ To solve this environmental
하지만 많은 쓰레기를 발생시킨다 이러한 환경 문제를 해결하기 위해
problem, / a Polish company has **started making** special plates.
한 폴란드 회사가 특별한 접시를 만들기 시작했다
The plates are special / because they are made from plant-based raw
그 접시는 특별하다 그것들은 식물성 원료로 만들어지기 때문이다
materials / and don't contain any chemicals. Therefore, when your meal is
그리고 어떤 화학물질도 포함하고 있지 않다 그러므로 식사가 끝나면
finished, / you can safely eat them. ❷ **Since** they are made from wheat bran, /
당신은 그것들을 안전하게 먹을 수 있다 그것들은 밀기울로 만들어지기 때문에
they **taste like** bread! If you don't want to eat your plates, / just throw them
빵 같은 맛이 난다 만약 당신이 접시를 먹고 싶지 않다면 그것들을 그냥 쓰레기통에
into the trash can! Doesn't that hurt our environment? No! ❸ The plates
버려라 그것이 환경을 해치는 게 아닐까 아니다! 그 접시는 30일 이내
will fully decompose within just 30 days / **without creating** any pollution.
에 완전히 부패할 것이다 어떤 오염도 발생시키지 않고
Besides, the plates are very useful. Unlike most disposable tableware, / these
게다가 그 접시는 매우 유용하다 대부분의 일회용 식기류와는 달리 이 접시
plates can be safely used in the oven and the microwave. ❹ You can serve
는 오븐과 전자레인지에서 안전하게 사용될 수 있다 당신은 그 위에 차갑고
both hot **and** cold food on them.
뜨거운 음식 둘 다를 담아낼 수 있다
❺ Next time, try these eco-friendly plates / **to help** our environment!
다음에는 이러한 친환경인 접시를 사용해 봐라 환경을 돕기 위해

구문 풀이

❶ start + -ing: ~하기 시작하다

❷ since는 이유를 나타내는 접속사로 '~하기 때문에'의 의미
taste like + 명사(구): ~같은 맛이 나다

❸ without + -ing: ~하지 않고

❹ both *A* and *B*: 'A와 B 둘 다'라는 의미로 A와 B에 문법적으로 같은 형태가 와야 함

❺ to help는 목적을 나타내는 to부정사의 부사적 용법

해석 공원에서 소풍을 즐긴 후에, 사람들은 보통 종이컵, 나무젓가락, 플라스틱 접시를 버린다. 일회용 식기류는 매우 편리하지만 많은 쓰레기를 발생시킨다. 이러한 환경 문제를 해결하기 위해 한 폴란드 회사가 특별한 접시를 만들기 시작했다.

그 접시는 식물성 원료로 만들어지고 어떤 화학물질도 포함하고 있지 않아서 특별하다. 그러므로, 식사가 끝나면 당신은 그것들을 안전하게 먹을 수 있다. 그것들은 밀기울로 만들어지기 때문에, 빵 같은 맛이 난다! 만약 당신이 접시를 먹고 싶지 않다면, 그냥 쓰레기통에 버려라! 그것이 환경을 해치는 게 아닐까? 아니다! 그 접시는 30일 이내에 어떤 오염도 발생시키지 않고 완전히 부패할 것이다.

게다가, 그 접시는 매우 유용하다. 대부분의 일회용 식기류와는 달리, 이 접시는 오븐과 전자레인지에서 안전하게 사용될 수 있다. 당신은 그 위에 뜨겁고 차가운 음식 둘 다를 담아낼 수 있다.

다음에는, 환경을 돕기 위해 이러한 친환경인 접시를 사용해 봐라!

Review Test

| 어휘 Review |

A 1 ⓒ 2 ⓐ 3 ⓑ 4 ⓓ B 1 raise 2 remove 3 unexpected 4 environment

C 1 made up of 2 lead to 3 in the end 4 ask, for

| 구문 Review |

A 1 둘 다 2 거의 없는 3 5분의 1

B 1 절반(2분의 1), 3분의 1 2 한 상자는, 다른 하나는 3 아는 사람이 거의 없다

C 1 both Korean and Chinese 2 the other is from China

해설 **| 어휘 Review |**

A 해석 1 섞다 – ⓒ 한 가지로 만들기 위해 다른 것을 합치다
2 벌다 – ⓐ 일해서 돈을 받다
3 돌려주다 – ⓑ 무언가를 다시 두거나 보내거나 받다
4 포함하다 – ⓓ 안에 무언가를 가지고 있다

B 해석 1 우리 할아버지께서는 농장에서 많은 동물을 키우곤 하셨다.
2 신발에 묻은 진흙을 제거해 주세요.
3 그 실험은 예상치 못한 결과를 냈다.
4 우리는 오염으로부터 환경을 보호해야 한다.

C 1 be made up of: ~로 구성되다
2 lead to: ~로 이어지다
3 in the end: 결국
4 ask *A* for *B*: A에게 B를 요청하다

UNIT 8

GUESS & CHECK

29 기대하다 / 기압 / 맛 / 소음 / 맛있는
30 충고 / 무딘 / 지우개 / 실수 / 외모
31 호박 / 거대한 / 보통의 / 기후 / 성장
32 비싼 / 실험 / 가격 / 품질 / 포함하다

29 기내식은 맛있을까?

pp. 92~93

구문해석 Clear 왜 음식이 좋지 않은가 / 당신이 기대했던 만큼
비행기 안의 기압은 / 더 낮아진다 / 땅에서보다

1 ⑤ **2** ②, ③, ④ **3** salt, sugar **4** ① taste ② low ③ dry ④ high

해설 **1** 비행 중 먹는 기내식이 맛이 없는 이유를 설명한 글이므로 ⑤ '기내식은 왜 맛이 없을까'가 주제로 알맞다.
해석 ① 누가 기내식을 요리하는가 ② 비행기에서 무엇을 먹을 수 있는가
③ 다양한 종류의 기내식 ④ 비행기에서 음식을 즐기는 요령

2 낮은 기압, 건조한 공기, 시끄러운 소음이 각각 미각, 후각, 청각에 변화를 일으켜 음식의 맛에 영향을 미친다고 했다.

3 해석 비행기에서 사람들은 음식 맛을 잘 볼 수 없다. 항공사는 더 많은 소금과 설탕이 기내식을 더 맛있게 할 수 있다고 생각한다.

4 해석 무엇이 기내식의 맛에 영향을 주는가
1. 비행기 안의 낮은 기압
2. 객실 안의 건조한 공기
3. 비행기에서의 높은 소음 수준

직독 직해

When you travel by plane, / you probably expect to eat in the sky. But you
당신이 비행기로 여행할 때 당신은 아마도 하늘에서 먹는 것을 기대한다 그러나 당신은
may be disappointed / when you taste the meal. ❶ Why is the food not **as**
실망할 수도 있다 음식을 맛볼 때 왜 음식이 좋지 않을까
good / **as** you expected?
당신이 기대했던 만큼
When you fly in the sky, / the air pressure in the plane / becomes lower /
당신이 하늘을 날 때 비행기 안의 기압은 더 낮아진다
than on the ground. The low air pressure / reduces the taste of sweet and
땅에서보다 낮은 기압은 달고 짠맛을 감소시킨다
salty flavors, / so you can't fully taste the food.
그래서 당신은 음식을 충분히 맛볼 수 없다
❷ In addition, the air inside the cabin / is drier than **the air we breathe** /
게다가 객실 안의 공기는 우리가 호흡하는 공기보다 더 건조하다
when we're on the ground. In an environment like this, / our sense of taste
우리가 땅에 있을 때 이러한 환경에서 우리의 미각과 후각은 상당히
and smell becomes significantly dull.
둔해진다
❸ Our ears also **help** us **taste** food. However, the noise level on airplanes is
귀는 우리가 음식을 맛보는 데 도움을 준다 그러나 비행기에서의 소음 수준은 매우 높다
very high. ❹ So, it **prevents** our ears / **from helping** us taste the food. This
그래서 그것이 우리의 귀를 막는다 우리가 음식 맛을 느끼도록 돕는 것을 이것이
causes the food to be less tasty.
음식을 덜 맛있게 한다
❺ Ironically, the airline food / actually contains more salt and sugar / than
반어적으로 기내식은 사실상 더 많은 소금과 설탕을 포함한다 보통의
regular food / to **make** it more **delicious**! But even this doesn't make the
음식보다 그것을 더 맛있게 만들기 위해서 하지만 심지어 이것도 그 음식을 더 맛있게 만들지
food more tasty!
않는다

구문 풀이

❶ as + 형용사의 원급 + as: ~만큼 …한

❷ we ~ ground가 앞에 있는 the air를 수식하는 관계대명사절로 air와 we 사이에 목적격 관계대명사 that이 생략

❸ help + 목적어 + 동사원형: ~가 …하는 것을 돕다

❹ prevent + 목적어 + from -ing: ~가 …하는 것을 막다

❺ make + 목적어 + 형용사: ~를 …하게 만들다

해석 비행기로 여행할 때, 당신은 아마도 하늘에서 먹는 것을 기대한다. 그러나 음식 맛을 보면 실망할 수도 있다. 왜 음식의 맛이 당신이 기대했던 만큼 좋지 않을까?

하늘을 날 때, 비행기 안의 기압은 땅에 있을 때보다 더 낮아진다. 낮은 기압은 달고 짠맛을 감소시켜서 당신은 음식을 충분히 맛볼 수 없다. 게다가 객실 안의 공기는 우리가 땅에 있을 때 호흡하는 공기보다 더 건조하다. 이러한 환경에서 우리의 미각과 후각은 상당히 둔해진다.

우리의 귀는 음식 맛을 보는 데 도움을 준다. 그러나 비행기에서의 소음 수준은 매우 높다. 그래서 그 소음이 귀가 음식 맛을 보도록 돕는 것을 막는다. 이것이 음식을 덜 맛있게 한다.

반어적으로 기내식은 사실상 더 맛있게 만들기 위해서 보통의 음식보다 더 많은 소금과 설탕을 포함한다. 하지만 심지어 이것도 그 음식을 더 맛있게 만들지는 않는다.

30 연필이 보내는 메시지

pp. 94~95

구문해석 Clear 연필깎이 안에서 나는 고통을 느낀다 / 그러나 나는 전보다 훨씬 더 날카로워지고 더 좋아진다
그것은 훨씬 더 중요하다 / 너의 외모나 너의 옷보다

1 ④ **2** ⑤ **3** ⑤ **4** ① hard ② mistakes ③ inside

해설 **1** 연필이 자신의 특성에 비유하여 사람들에게 조언을 하고 있으므로 ④ '사람들에게 조언하기 위해서'가 목적으로 알맞다.

해석 ① 좋은 연필을 광고하기 위해서 ② 연필을 사용하는 법을 알려 주기 위해서
③ 실수에 대해 사과하기 위해서 ⑤ 연필의 새로운 친구를 소개하기 위해서

2 정국: 연필은 지우개가 있어서 실수하는 것을 두려워하지 않는다고 했다.
윤정: 우리는 모두 실수를 하고, 실수를 바로 잡는 과정에서 배운다고 했다.
호석: 연필에게 내면(흑연)이 중요하듯이, 우리도 내면을 가꾸는 데 더 신경을 써야 한다고 했다.

3 여러분의 내면 역시 중요하다고 말하고 있으므로 내면의 중요성을 이야기하는 부분인 ⑤에 들어가는 것이 알맞다.

4 해석 연필깎이 안에 있는 것 → 힘든 시간 / 지우개를 사용하는 것 → 실수를 바로 잡기 / 흑연 → 당신의 내면

직독 직해

Guess what! ❶ I'm long and thin, / **and** usually **made** of wood. I have a
맞혀봐 나는 길고 가늘다 그리고 보통 나무로 만들어진다 나는 날카로운 검은
sharp black point / at one end. People use me to write or draw. Who am I?
색 끝이 있다 한쪽 끝에 사람들은 글을 쓰거나 그림을 그리기 위해 나를 사용한다 나는 누구일까
❷ Yes, I'm a pencil, / and I want to **give you some advice**.
맞다 나는 연필이다 그리고 나는 당신에게 몇 가지 조언을 해 주고 싶다
When I become dull, / I need to be sharpened. Inside a pencil sharpener, /
나는 뭉뚝해질 때 나는 날카로워져야 한다 연필깎이 안에서
I feel pain, / but I get much sharper and better than before. ❸ If you learn
나는 고통을 느낀다 그러나 나는 전보다 훨씬 더 날카롭고 좋아진다 만약 당신이 나처럼
to overcome hard times like me, / it will **make you a better person**!
힘든 시간을 극복하는 것을 배운다면 그것은 당신을 더 나은 사람으로 만들 것이다
I often make mistakes, / but I don't worry about them. It is because I can
나는 종종 실수를 한다 하지만 그것들에 대해서 걱정하지 않는다 나는 내 좋은 친구인 지우개로
fix them with my good friend, the eraser. ❹ We all make mistakes / and can
그것들을 고칠 수 있기 때문이다 우리는 모두 실수를 한다 그리고 그것
learn from them / **while** we are **trying to fix** them.
들로부터 배울 수 있다 그것들을 바로 잡으려고 노력하면서
Can you guess which part of me is the most important? Is it my color, length,
나의 어느 부분이 가장 중요한지 추측할 수 있는가 그것은 내 색깔, 길이, 두께일까
or thickness? No. The most important part of me / is the graphite inside.
아니다 나의 가장 중요한 부분은 안에 있는 흑연이다
Your most important part is also inside. ❺ It is **even** more important /
당신의 가장 중요한 부분 역시 내면이다 그것은 훨씬 더 중요하다
than your appearance or your clothes. ❻ So **remember to improve** / what's
너의 외모나 너의 옷보다 그러니 더 낫게 만들 것을 기억해라 매일 당신
inside you every day.
의 내면에 있는 것을

구문 풀이

❶ 접속사 and로 연결되었으므로 앞에서 사용된 be동사가 made 앞에서 생략됨

❷ 「give + 간접목적어 + 직접목적어」의 4형식 문장

❸ 5형식 문장으로 a better person이 목적격보어로 쓰임

❹ while: ~하면서
try + to부정사: ~하려고 노력하다

❺ 비교급 수식: 훨씬

❻ remember의 목적어 자리에 to부정사가 오는 경우 '~(해야) 할 것을 기억하다'의 의미

해석 맞혀보세요! 나는 길고 가늘며, 보통 나무로 만들어져요. 나는 한쪽 끝에 날카로운 검은색 끝이 있어요. 사람들은 글을 쓰거나 그림을 그리기 위해 나를 사용하지요. 나는 누구일까요? 네, 나는 연필이에요, 그리고 당신에게 몇 가지 조언을 해 주고 싶어요.
나는 뭉뚝해지면 날카로워져야 해요. 연필깎이 안에서 나는 고통을 느끼지만 전보다 훨씬 더 날카롭고 좋아져요. 만약 여러분이 나처럼 힘든 시간을 극복하는 것을 배운다면, 그것은 여러분을 더 나은 사람으로 만들 거예요!
나는 종종 실수를 하지만, 그것들에 대해서는 걱정하지 않아요. 왜냐하면 내 좋은 친구인 지우개로 그것들을 고칠 수 있기 때문이지요. 우리는 모두 실수를 하고 그것들을 바로 잡으려고 노력하면서 그것들로부터 배울 수 있답니다.
나의 어느 부분이 가장 중요한지 추측할 수 있나요? 그것은 내 색깔, 길이, 두께일까요? 아니에요. 가장 중요한 부분은 내 안에 들어 있는 흑연이에요. 당신의 가장 중요한 부분 역시 내면이에요. 그것은 당신의 옷이나 외모보다 훨씬 더 중요해요. 그러니, 매일 여러분의 내면에 있는 것을 더 낫게 만들 것을 기억하세요.

31 거인을 위한 채소

pp. 96~97

구문해석 Clear 그 박람회에서 당신은 호박을 볼 수 있다 / 보통의 호박보다 100배나 더 큰

1 ⑤ 2 ② 3 pumpkins 4 ① bigger ② short ③ long

해설 1 본문은 알래스카의 채소가 어떻게 크게 자랄 수 있는지 그 이유를 설명하는 글이다.

2 ② 알래스카 주는 추운 지역이지만, 거대한 채소가 자란다고 했다.

3 보통의 것보다 100배 더 큰 호박을 볼 수 있다고 했으므로 ones는 pumpkins를 가리킨다.

4 해석 알래스카에 있는 채소는 더 크게 자랄 수 있다.
조건 1. 알래스카는 짧은 재배 기간을 지녔다.
조건 2. 알래스카는 긴 일조 시간을 지녔다.

직독 직해

Do you remember the pumpkin in *Cinderella*? A small pumpkin was
'신데렐라'에 나오는 호박을 기억하는가 작은 호박이 마법으로 큰 호박 마차로
magically turned into a big pumpkin carriage. But, in Alaska, you can make
변했다 그러나 알래스카에서는 큰 호박을 만들 수
a big pumpkin / without any magic.
있다 어떠한 마법 없이도
The Alaska State Fair is famous for its giant vegetables. ❶ At the Fair, you can
알래스카 주 박람회는 커다란 채소로 유명하다 그 박람회에서 당신은 호박을
see pumpkins / **that** are **100 times bigger than** regular ones. ❷ Cabbages
볼 수 있다 보통의 호박보다100배나 더 큰 양배추는 사람만큼
are **as** heavy **as** people! How can vegetables grow / to that size / in a cold
무겁다 어떻게 채소가 자랄 수 있을까 그런 크기로 추운 지역에서
region?

The secret is the climate of Alaska. Alaska has a very short growing season /
그 비밀은 알래스카의 기후이다 알래스카에서는 재배 기간이 매우 짧다
of only 105 days on average. This makes a poor environment for the growth
평균적으로 105일로 이것은 채소의 성장에 열악한 환경을 만든다
of vegetables. However, the state is located close to the North Pole, / so
하지만 그 주는 북극 근처에 위치해 있다 그래서
there are no long dark nights in the summer. Thus, Alaska enjoys up to 20
여름에는 길고 어두운 밤이 없다 따라서 알래스카에서는 매일 최대 20시간에
hours of sunlight every day / in the growing season. ❸ These long hours of
이르는 햇빛을 즐길 수 있다 재배 기간에 이러한 긴 일조 시간이 채소가
sunlight **make** the vegetables **grow** bigger. ❹ **This is how** huge vegetables
더 크게 자라도록 한다 이것이 바로 커다란 채소가 자라는
are grown / without magic!
방법이다 마법 없이도

구문 풀이

❶ that은 pumpkins를 선행사로 하는 주격 관계대명사
배수사 + 비교급 + than: ~보다 몇 배 더 …한
❷ as + 형용사 / 부사 + as: ~만큼 …한
❸ make + 목적어 + 동사원형: ~을 …하게 만들다
❹ This is how ~: 이것이 ~한 방법이다

해석 '신데렐라'에 나오는 호박을 기억하는가? 작은 호박이 마법으로 큰 호박 마차로 변했다. 그러나, 알래스카에서는 어떠한 마법 없이도 큰 호박을 만들 수 있다.

알래스카 주 박람회는 커다란 채소로 유명하다. 그 박람회에서, 보통의 호박보다 100배나 더 큰 호박을 볼 수 있다. 양배추는 사람만큼 무겁다! 어떻게 추운 지역에서 채소가 그런 크기로 자랄 수 있을까?

그 비밀은 알래스카의 기후이다. 알래스카에서는 재배 기간이 평균 105일로 매우 짧다. 이것은 채소의 성장에 열악한 환경을 만든다. 하지만, 그 주는 북극 근처에 위치해 있어서 여름에 길고 어두운 밤이 없다. 따라서 알래스카에서는 재배 기간에 매일 최대 20시간에 이르는 햇빛을 즐길 수 있다. 이러한 긴 일조 시간이 채소가 더 크게 자라도록 한다. 이것이 바로 마법 없이도 커다란 채소가 자라는 방법이다!

32 당신의 미각을 믿으시나요?

pp. 98~99

구문해석 Clear 그러므로 실험에 참여한 대부분의 사람들이 믿었다 / 케이크의 가격이 비싸면 비쌀수록 / 더 맛있을 거라고

1 ④ **2** ③ **3** the higher the price is, the better the quality is **4** 동일한, 다른, 비쌀, 맛있다

해설

1 같은 재료를 동일한 방법으로 만든 케이크에 다른 가격을 제시했을 때, 가격에 따라 맛을 다르게 느끼는지 확인하기 위한 실험이므로 ④ '가격이 맛에 미치는 영향을 알아보기 위해서'가 목적으로 알맞다.

해석 ① 새 케이크를 홍보하기 위해서 ② 케이크의 적당한 가격을 알려주기 위해서 ③ 사람들이 어떤 종류의 케이크를 좋아하는지 알아보기 위해서 ⑤ 신선한 재료의 중요성을 알려주기 위해서

2 ⓒ는 실험에 참가한 사람들이고, 나머지는 모두 서로 다른 가격의 두 케이크를 가리킨다.

3 '~하면 할수록 더 …하다'는 「the + 비교급 ~, the + 비교급 ...」의 형태로 쓴다.

직독 직해

Are expensive things always better? An interesting experiment was held on
비싼 것이 항상 더 좋을까 한 흥미로운 실험이 거리에서 이루어졌다
the street. In the experiment, / people were asked to try two different cakes.
그 실험에서 사람들은 두 가지 다른 케이크를 시식해 보라는 요청을 받았다
They looked the same, / but their prices were quite different. ❶ **One** was
그 케이크는 똑같아 보였다 하지만 가격은 매우 달랐다 하나는 15달러였다
$15, / and **the other** was $55. ❷ **When asked** which cake tasted better, /
그리고 다른 하나는 55달러였다 어떤 케이크가 더 맛있는지 질문을 받았을 때
most people agreed / that the $55 cake was better. They said that the cheaper
대부분의 사람들은 동의했다 55달러짜리 케이크가 더 맛있다는 것에 그들은 더 저렴한 케이크는 너무 퍽퍽했
one was too dry, / but the other cake was moist and delicious. ❸ Later, they
다고 말했다 그러나 다른 케이크는 촉촉하고 맛있었다 나중에 그들은
were surprised **to learn** / that the two cakes were exactly the same. They
알게 되어 놀랐다 두 개의 케이크가 정확히 같았다는 것을 그것들은
were made in the same way / and with the same ingredients.
같은 방법으로 만들어졌다 그리고 같은 재료로
So why did people think / they tasted different? ❹ Sometimes, we use price /
그러면 왜 사람들은 생각했을까 그것들의 맛이 다르다고 때때로 우리는 가격을 이용한다
to judge the quality of a product. We assume / that the higher the price is, /
제품의 품질을 판단하기 위해 우리는 추정한다 가격이 높으면 높을수록
the better the quality is. ❺ In this case, people assumed / that the more
품질이 더 좋다고 이 경우에 사람들은 추정했다 더 비싼 케이크에 더 좋은
expensive cake **contained** better ingredients / **or came** from a famous
재료가 들어 있다고 혹은 유명한 빵집에서 온 것이라고
bakery. ❻ Therefore, most people in the experiment believed / that **the**
따라서 실험에 참여한 대부분의 사람들은 믿었다 케이크의 가격이
more expensive the cake was, / the better it would taste.
비싸면 비쌀수록 더 맛있을 거라고

구문 풀이

❶ 두 개의 케이크 중에서 하나는 one, 다른 하나는 the other를 사용함
❷ 주어와 동사가 생략된 분사구문 When they were asked로 바꿔 쓸 수 있음
❸ to부정사의 부사적 용법(감정의 원인)
❹ to부정사의 부사적 용법(목적): ~하기 위해서
❺ 동사 contained와 came이 등위접속사 or로 연결된 병렬 구조
❻ the + 비교급 + 주어 + 동사 ~, the + 비교급 + 주어 + 동사 ...: ~하면 할수록 더 …하다

해석 비싼 것이 항상 더 좋을까? 한 흥미로운 실험이 거리에서 이루어졌다. 그 실험에서 사람들은 두 가지 다른 케이크를 시식해 보라는 요청을 받았다. 그 케이크는 똑같아 보였지만, 가격은 매우 달랐다. 하나는 15달러였고, 다른 하나는 55달러였다. 어떤 케이크가 더 맛있는지 질문을 받았을 때, 대부분의 사람들은 55달러짜리 케이크가 더 맛있다는 것에 동의했다. 그들은 더 저렴한 케이크는 너무 퍽퍽했지만 다른 케이크는 촉촉하고 맛있었다고 말했다. 나중에 그들은 두 개의 케이크가 정확히 같았다는 것을 알고 놀랐다. 그것들은 같은 방법과 같은 재료로 만들어졌다.
그러면 왜 사람들은 그것들의 맛이 다르다고 생각했을까? 때때로 우리는 제품의 품질을 판단하는 데 가격을 이용한다. 우리는 가격이 높으면 높을수록 품질이 더 좋다고 추정한다. 이 경우에, 사람들은 더 비싼 케이크에 더 좋은 재료가 들어 있거나 그 케이크가 유명한 빵집에서 온 것이라고 추정했다. 따라서, 실험에 참여한 대부분의 사람들은 케이크가 비쌀수록 더 맛있을 거라고 믿었다.

Review Test

| 어휘 Review |

A **1** dull **2** moist **3** thin **4** giant

B **1** appearance **2** causes **3** quality **4** climate

C **1** is located **2** makes a mistake **3** turn into **4** is famous for

| 구문 Review |

A **1** 훨씬 **2** 세 배 더 큰 **3** 네가 예상했던 만큼

B **1** 더 많이 연습하면 할수록 **2** 기차보다 더 빠르다 **3** 훨씬 더 강하고 더 좋다

C **1** are ten times bigger than **2** the more expensive the food is

해설 **| 어휘 Review |**

A 해석 **1** 뾰족한 ↔ 무딘
2 마른 ↔ 촉촉한
3 두꺼운 ↔ 얇은
4 아주 작은 ↔ 거대한

B 해석 **1** 사람을 외모로 판단하지 마라.
2 소음은 음식을 덜 맛있게 하는 원인이 된다.
3 나는 상품의 질이 가격보다 더 중요하다고 생각한다.
4 추운 기후는 채소에게 열악한 환경을 제공한다.

C **1** be located: ~에 위치해 있다
2 make a mistake: 실수를 하다
3 turn into:~로 변하다
4 be famous for: ~로 유명하다

WORKBOOK ANSWERS

UNIT 1

01 우리 셀카 찍을래? pp.2~3

Words & Expressions

A 1 셀카 2 필요로 하다 3 공유하다
4 표현하다 5 비슷한 6 요즘에는
7 게시하다
8 skill 9 invent 10 convenient
11 memory 12 capture 13 moment
14 self-portrait

B 1 First of all 2 taking pictures of
3 Thanks to 4 In other words
5 these days

Translations

1 요즘, 당신은 사람들이 어디서나 자신의 모습을 찍고 있는 것을 볼 수 있다.

2 셀카는 왜 인기를 끌게 되었는가?

3 오래 전, 카메라가 발명되기 전에 사람들은 셀카를 찍는 것과 유사한 방식이 있었다.

4 요즘은 스마트폰 덕분에 사람들이 자신의 사진을 쉽게 찍을 수 있다.

5 오늘날 우리는 특별한 순간을 포착하기 위해 셀카를 찍고, 그것들을 SNS에 올린다.

6 우리는 셀카에 대한 우리의 생각과 감정을 온라인상에서 다른 사람들과 공유한다.

7 다시 말해서, 셀카를 찍는 것은 단지 우리의 추억을 기록하는 방법 그 이상이다.

02 만리장성의 숨겨진 비밀 pp.4~5

Words & Expressions

A 1 구조물 2 지진 3 견뎌 내다
4 재해 5 비밀 6 최근에
7 찹쌀
8 curious 9 ancient 10 brick
11 regular 12 palace 13 temple
14 wisdom

B 1 Boil 2 sticky 3 thousands of
4 such as 5 durable

Translations

1 그것은 수천 년 동안 강한 지진과 다른 재해를 견뎌왔다.

2 당신은 만리장성을 매우 견고하게 하는 비밀에 대해 궁금한가?

3 그들은 쌀이 끈적끈적해질 때까지 쌀을 끓여서 그것을 회반죽과 함께 섞었다.

4 이 찹쌀 회반죽이 마르면, 그것은 보통의 회반죽보다 훨씬 더 강력해졌다.

5 그것을 벽돌 사이에 사용하는 것이 만리장성을 강하고 더 오래 견디게 만들었다.

6 그러므로 찹쌀 회반죽은 궁전과 사원과 같은 특별한 구조물에만 사용되었다.

7 고대 중국인들의 지혜 덕분에, 만리장성은 오랜 세월이 지나도 여전히 서 있다.

03 누가 범인일까? pp.6~7

Words & Expressions

A 1 선장 2 순조롭게 3 선원
4 항해사 5 국기 6 즉시
7 하나의
8 thief 9 cook 10 fix
11 return 12 impossible 13 hang
14 suspect

B 1 is good at 2 on my way 3 take off
4 upside down 5 tried to

Translations

1 일본 배 한 척이 바다로 나가는 중이었다.

2 선장은 자신의 반지를 빼서 그것을 탁자 위에 놓았다.

3 나는 모든 것이 순조롭게 돌아가는지 확인하고 있었다.

4 나는 국기가 거꾸로 뒤집혀 있어서 그것을 고쳐 달고 있었다.

5 선장은 누가 자신의 반지를 갖고 있는지 즉시 알아차렸다.

6 일본 국기는 흰색인데 중앙에 빨간색 원이 하나 있다.

7 그것을 거꾸로 매다는 것은 불가능하다.

04 하마, 어디까지 아니? pp.8~9

Words & Expressions

A 1 우호적인 2 무게가 ~이다 3 ~당, ~마다
4 바닥 5 사실이 아닌 6 식물
7 먹다
8 shallow 9 true 10 along
11 grass 12 false 13 aggressive
14 attack

B 1 In fact 2 daily 3 feed on
4 except 5 now that

Translations

1 하마에 관해서 당신을 놀라게 할 수도 있는 많은 사실들이 있다.

2 다 자란 하마는 길이가 3미터이고 무게는 3톤이다!

3 하마는 시속 32킬로미터까지 달릴 수 있다.

4 하마는 먹이를 먹을 때를 제외하고는 대부분의 시간을 물에서 보낸다.

5 하마는 식물만 먹고 살기 때문에 이것은 사실이 아니다.

6 그들은 매일 30~50킬로그램의 풀을 먹는다.

7 하마가 풀만 먹는다는 것을 알게 되었으므로 당신은 그들이 우호적이라고 생각할지도 모른다.

UNIT 2

05 마음도 충전이 가능한가요? pp. 10~11

Words & Expressions

A 1 우울함 2 혼란스러운 3 명상
4 편안한 5 긴장을 푼 6 긍정적인
7 집중하다
8 recharge 9 mind 10 quiet
11 regular 12 beginner 13 improve
14 benefit

B 1 lay down 2 taking a breath
3 focus on 4 wake up
5 A number of

Translations

1 하지만 당신은 마음에도 똑같은 일을 할 수 있다는 것을 알고 있는가?

2 스트레스, 걱정, 그리고 우울함은 마음을 지치고 혼란스럽게 만들 수 있다.

3 그러고 나서 심호흡을 하고, 자신의 숨소리를 듣고, 그것에 집중해라.

4 하지만 잠들기 직전이나 잠에서 깬 직후와 같은 규칙적인 시간에 명상을 하는 것이 중요하다.

5 그것은 당신이 기억력을 향상시키는 데 도움을 줄 수 있다.

6 그것은 또한 당신의 집중력을 향상시킬 수 있다.

7 그러니 오늘 명상으로 당신의 마음을 재충전해 보는 것은 어떤가?

06 요리사 모자의 비밀 pp. 12~13

Words & Expressions

A 1 요리사 2 정돈된, 단정한 3 실용적인
4 깔끔한 5 주름 6 요리
7 보통의, 일반적인
8 meaning 9 purpose 10 experience
11 height 12 head chef 13 symbol
14 professional

B 1 fell into 2 still 3 related to
4 purpose 5 rank

Translations

1 누가 보통 높고 하얀 모자를 쓰는가?

2 요리사의 모자는 머리카락을 단정하고 깔끔하게 해준다.

3 그것은 또한 머리카락이 음식에 빠지지 않도록 해준다.

4 오래 전에, 주름은 그 요리사가 얼마나 많은 달걀 요리를 할 수 있는지를 보여 주었다.

5 예를 들어, 100개의 주름이 있는 모자는 요리사가 100가지의 다른 방법으로 달걀 요리를 할 수 있다는 것을 나타냈다.

6 요리사 모자의 높이는 주방에서의 지위와 관련이 있었다.

7 이런 방법으로 누구나 분주한 주방에서 주방장을 찾는 것은 매우 쉬웠다.

07 우유의 변신은 무죄! pp. 14~15

Words & Expressions

A 1 체 2 식초 3 가스레인지
4 모양 틀 5 고무 같은 6 물질
7 냉동고
8 follow 9 heat 10 pour
11 boil 12 remove 13 decorate
14 stir

B 1 made from 2 as, as possible 3 is called
4 Take, out of 5 Cool down

Translations

1 그러나 당신은 플라스틱 또한 우유로 만들 수 있다는 것을 알았는가?

2 이 간단한 단계를 따르기만 해라, 그러면 당신은 장난감이나 장신구, 그리고 원하는 그 밖의 것을 우유로 만들 수 있다.

3 그러고 나서 우유가 젤 상태가 될 때까지 저어라.

4 우유가 식으면 우유를 체에 부어라.

5 부드럽고 고무 같은 물질이 체에 걸러질 것이다.

6 우유 응고물을 종이 타월에 놓고 가능한 한 물기를 많이 제거해라.

7 일단 우유 응고물이 단단해지고 마르면, 모양 틀에서 꺼내서 장식해라.

08 e스포츠가 올림픽에? pp. 16~17

Words & Expressions

A 1 끌어들이다 2 시합, 대회 3 관중, 시청자

4 얻다　5 주장하다　6 토론, 논쟁
7 집중력
8 real　9 athlete　10 develop
11 strategy　12 physical　13 violent
14 disappear

B 1 enough to　2 played against
3 In addition　4 each other　5 anytime soon

Translations

1 어떤 사람들은 심지어 e스포츠를 올림픽 종목으로서 보고 싶어 한다.

2 프로 게이머들은 운동선수들처럼 열심히 훈련하고 높은 수준의 집중력을 필요로 한다.

3 또한, 그들은 실제 스포츠 대회에서와 같이 게임에서 이기기 위한 전략을 개발한다.

4 이것은 올림픽이 더 많은 팬들을 얻을 수 있도록 돕는다.

5 다른 사람들은 e스포츠가 실제 스포츠의 신체적인 힘듦의 정도를 필요로 하지 않는다고 주장한다.

6 그들은 또한 많은 e스포츠가 너무 폭력적이어서 올림픽 종목이 될 수 없다고 생각한다.

7 몇몇 인기 있는 게임은 다음 올림픽쯤에는 사라질 가능성이 있다.

UNIT 3

09 전기를 만드는 축구장 pp. 18~19

Words & Expressions

A 1 만들어 내다　2 걸음　3 일생, 평생
4 가치 있는　5 일몰　6 전기의
7 기술
8 power　9 shortage　10 electricity
11 light　12 local　13 store
14 potential

B 1 change into　2 give up　3 used to
4 generate　5 gathered

Translations

1 대부분의 사람들은 일생 동안 2억 걸음 이상을 걷는다. 그것은 엄청난 잠재적인 에너지이다!

2 과학자들은 이 에너지를 모아 귀중한 전기로 바꾸는 방법을 발견했다.

3 하지만, 전력 부족 때문에 그들은 일몰 후에 축구 하는 것을 포기하곤 했다.

4 이 타일은 아이들의 발걸음에서 나온 에너지를 전기로 바꾼다.

5 그것은 30초 동안 LED 램프를 켜기에 충분하다.

6 아이들이 낮 동안 축구를 할 때, 에너지는 모아지고 저장된다.

7 이 새로운 기술 덕분에 아이들은 어두워진 후에 축구를 할 장소가 생겼다.

10 나만 쳐다 봐! pp. 20~21

Words & Expressions

A 1 아마도　2 얼굴의　3 대학
4 관중　5 연기자　6 표현, 표정
7 면밀히
8 stain　9 observe　10 effect
11 experiment　12 famous　13 stage
14 guess

B 1 a few　2 at least　3 observe
4 notice　5 as though

Translations

1 사람들이 내 셔츠의 얼룩을 알아차리면 어쩌지?

2 아마도 당신은 무대 위의 연기자처럼 모든 사람이 당신을 보고 있다고 생각한다.

3 많은 사람들이 그들이 실제로 그런 것보다 더 많이 다른 사람들에게 주목받고 있다고 믿는다.

4 그들은 마치 그들이 항상 스포트라이트를 받고 있는 것처럼 느낀다.

5 한 실험에서 유명한 가수의 얼굴이 있는 티셔츠를 입고 있는 학생이 몇 분 동안 교실에 앉아 있었다.

6 그 학생은 적어도 네 명은 그가 무엇을 입고 있었는지 기억할 거라고 추측했지만, 겨우 한 명만이 그의 티셔츠를 기억했다!

7 다음에 모든 사람이 당신을 보고 있다고 걱정이 될 때, 자신에게 가장 집중하는 사람은 바로 당신이라는 것을 기억해라.

11 갑자기 뚫리는 구멍 pp. 22~23

Words & Expressions

A 1 갑자기　2 흙　3 결국
4 흔한　5 구멍을 뚫다　6 지하의
7 건설, 공사
8 hole　9 scary　10 forest
11 man-made　12 increase　13 appear
14 warning

B 1 washed away　2 result in　3 swallow
4 supported　5 collapse

Translations

1 갑자기 길 한가운데에 구멍이 뚫리기 시작한다.

2 자연적인 싱크홀은 숲과 바다에서 발견된다.

3 그것들은 보통 땅속에 있는 물에 의해 발생한다.

4 첫째, 물이 흙을 쓸어간다.

5 곧, 물 위의 시변을 지탱할 것은 아무것도 없다.

6 도시에서 발견되는 싱크홀은 인간의 활동에 의해 만들어진다.

7 구멍을 뚫는 것과 같은 많은 땅속 활동들이 크고 작은 싱크홀을 발생시킬 수 있다.

12 특별한 교통수단 pp. 24~25

Words & Expressions

A 1 형태 2 오토바이 3 나르다, 옮기다
4 짐, 화물 5 나무로 만든 6 판자
7 거친
8 transportation 9 narrow 10 tourist
11 local 12 passenger 13 cheap
14 noisy

B 1 behind 2 travels 3 look like
4 a little 5 unusual

Translations

1 하발하발은 필리핀에서 찾아볼 수 있는 특이한 형태의 오토바이다.

2 하발하발은 오토바이에 나무판자를 덧붙임으로써 만들어진다.

3 사람들은 이 나무판자에 앉아서, 하발하발은 10명 이상의 사람들과 그들의 가방을 동시에 나를 수 있다.

4 쿠바에서는 오토바이가 택시로 이용된다.

5 그것들은 코코넛처럼 생겼기 때문에 '코코택시'라고 불린다.

6 노란 택시는 관광객들을 위한 것이고, 검은 택시는 지역 주민들을 위한 것이다.

7 코코택시는 다른 택시들보다 더 빠르고 저렴하다.

UNIT 4

13 이름, 마음대로 짓지 마세요! pp. 26~27

Words & Expressions

A 1 특정한 2 법원 3 주
4 최근에 5 등장인물 6 정부
7 괴롭히다, 따돌리다
8 name 9 gender 10 tell
11 famous 12 popular 13 include
14 explain

B 1 tell 2 banned 3 make fun of
4 was able to 5 include

Translations

1 프랑스에서는 한 부부가 딸의 이름을 Nutella라고 지어 주는 것을 금지당했다.

2 그들은 딸이 Nutella만큼 다정다감하고 인기 있기를 바랐다.

3 하지만, 프랑스 법원은 다른 아이들이 놀릴 것이기 때문에 그 이름을 금지했다.

4 금지된 이름의 목록에는 배트맨, 람보, 터미네이터, 해리 포터, 헤르미온느, 제임스 본드와 같이 영화 속 등장인물들의 이름이 포함된다.

5 주 정부는 아이들이 그들의 이름 때문에 괴롭힘을 당해서는 안 된다고 설명했다.

6 이름을 들었을 때, 당신은 그 아이가 남자아이인지 여자아이인지 구별할 수 있어야 한다.

7 테일러, 애슐리, 그리고 조단 같은 이름은 남자아이와 여자아이 모두에게 흔히 쓰이기 때문에 금지된다.

14 이 소리는 뭐지? pp. 28~29

Words & Expressions

A 1 꼬르륵거리다 2 갑자기 3 당황한
4 목구멍 5 반복하여 6 움직임
7 흡수하다
8 stomach 9 digest 10 empty
11 muscle 12 process 13 sign
14 loud

B 1 during 2 go through 3 break down
4 hardly 5 digest

Translations

1 음식을 먹을 때, 그 음식은 목구멍을 지나서 위로 이동한다.

2 위의 근육이 음식을 잘게 부수기 위해서 반복적으로 수축한다.

3 이런 과정 동안, 공기와 가스도 위에서 돌아다니는데 그것들의 움직임이 그 이상한 소리를 내는 것이다!

4 당신이 무언가를 먹을 때는 그 꼬르륵거리는 소리가 매우 낮아서 거의 들을 수 없다.

5 이것은 위에 있는 음식이 대부분의 소리를 흡수하기 때문이다.

6 하지만 위가 비어 있으면, 그 빈 공간이 소리를 훨씬 더 크게 만든다.

7 그것이 배에서 꼬르륵거리는 소리가 날 때, 우리 중 일부가 배가 고프다고 생각하는 이유이다.

15 요리가 된 뚜껑 pp. 30~31

Words & Expressions

A 1 한 입 크기의 2 동사 3 음료, 술

4 파리　　5 (음식을) 제공하다
6 식사　　7 해결책
8 cover　　9 origin　　10 thin
11 slice　　12 order　　13 ingredient
14 attract

B 1 on top of　　2 came from　　3 falling into
4 came up with　　5 More and more

Translations

1 타파스는 스페인 사람들이 즐겨 먹는 한 입 크기의 음식이다.
2 그 이름은 '덮다'라는 의미의 스페인어 동사 tapar에서 왔다.
3 한 식당이 이 문제에 대한 한 가지 해결책을 생각해 냈다.
4 그 식당은 달콤한 음료의 유리잔 위에 얇은 빵 조각이나 고기 조각을 얹어 제공하기 시작했다.
5 이것은 달콤한 음료에 파리가 꼬이지 않게 했다.
6 게다가, 그 덮개는 매우 맛있어서 점점 더 많은 사람들이 그것들을 원했다.
7 다음번에 당신이 스페인을 방문하면, 가능한 한 많은 타파스를 먹어 봐라!

16 노벨상처럼, 노벨상과 다르게? pp. 32~33

Words & Expressions

A 1 발표하다　　2 의식　　3 이상한
4 업적　　5 기이한　　6 진지한
7 당황스러운
8 award　　9 scientific　　10 benefit
11 mankind　　12 celebrate　　13 useless
14 discovery

B 1 research　　2 looking for　　3 is held
4 awarded　　5 similar to

Translations

1 그것은 유명한 노벨상이 수여되기 직전에 일어난다.
2 당신은 그 이름이 노벨상과 비슷하게 들린다고 생각하는가?
3 노벨상이 진지하고 수상자들의 업적이 인류에게 큰 혜택을 주는 반면, 이그노벨상은 재미있고 기이한 과학 연구를 기념한다.
4 당신이 수상자들의 목록을 보면, 그들의 연구는 독특하고 때로는 심지어 황당하다는 것을 알게 될 것이다.
5 딱따구리는 머리를 계속 움직이기 때문에 두통이 생길까?
6 말도 안 되는 아이디어들이 위대한 과학적 발견을 가능하게 만들 수 있다.
7 특이한 질문들에 대한 답을 찾아보는 것은 어떤가?

UNIT 5

17 카페인을 조심하세요! pp. 34~35

Words & Expressions

A 1 카페인　　2 조심하는　　3 빨리
4 매일의　　5 섭취　　6 영향을 미치다
7 실제로
8 growth　　9 tired　　10 helpful
11 disturb　　12 less than　　13 teenager
14 for example

B 1 because of　　2 Add up　　3 disturb
4 instead of　　5 Even if

Translations

1 당신이 피곤하다고 느낄 때, 스스로 정신이 들게 하는 여러 가지 다양한 방법이 있다.
2 그것들을 마신 후, 당신은 피곤함을 덜 느낀다.
3 비록 당신이 커피나 에너지 음료를 많이 마시지 않더라도 사실상 당신이 생각하는 것보다 훨씬 더 많은 카페인을 섭취하고 있을지도 모른다.
4 십 대로서, 당신의 하루 카페인 섭취량은 100mg 미만이어야 한다.
5 따라서 당신이 먹고 마시는 것에 주의를 기울여라.
6 너무 많은 카페인은 수면을 방해하고 성장에 영향을 미칠 수 있다.
7 카페인이 들어 있는 음료 대신에 물이나 신선한 주스를 마셔 봐라.

18 겉으로 판단하지 마세요! pp. 36~37

Words & Expressions

A 1 종업원　　2 알아차리다　　3 팁, 봉사료
4 마지막으로　　5 지폐　　6 대접하다
7 설명하다
8 clothes　　9 expect　　10 customer
11 serve　　12 order　　13 disappointed
14 look

B 1 treat　　2 don't have to　　3 serve
4 are ready to　　5 expect

Translations

1 그가 들어갔을 때, 종업원 두 명이 그의 낡은 옷을 알아봤다.
2 우리는 그에게서 많은 팁을 기대할 수 없으니 그에게 좋은 서비스를 해 줄 필요가 없다.
3 그가 주문할 준비가 되었을 때, 그들은 오랫동안 그를 신경 쓰지 않았다.
4 그들은 심지어 다른 손님의 음식을 먼저 제공하고 나서 그의 음식

을 마지막으로 제공했다.

5 그가 송업원들에게 팁으로 100달러짜리 지폐 한 장을 주었다.

6 그들은 또 한번의 많은 팁을 원해서 그를 왕처럼 대접했다.

7 그는 그들의 얼굴에서 실망스러운 표정을 알아차린 후, 그 이유를 설명했다.

19 바르샤바에 가면? pp. 38~39

Words & Expressions

A 1 작곡가 2 악보 3 세계적으로 유명한
4 경연, 대회 5 주요한 6 자라다
7 ~로 장식되어 있다
8 arrive 9 capital 10 press
11 crosswalk 12 participant 13 forever
14 airport

B 1 was born in 2 are proud of 3 as soon as
4 Be sure to 5 is related to

Translations

1 쇼팽은 폴란드에서 태어났고, 바르샤바에서 자랐다.

2 그는 위대한 작곡가 중 한 명이고, 폴란드인들은 그를 자랑스러워 한다.

3 당신은 바르샤바 공항에 도착하자마자 쇼팽의 세계에 들어간다.

4 문화 과학 궁전을 방문해라, 그러면 당신은 그 앞에 있는 횡단보도를 볼 것이다.

5 당신은 마치 피아노를 연주하고 있는 것처럼 길을 건널 수 있다.

6 그곳의 벽들 중 하나는 그의 악보로 장식되어 있다.

7 그것은 쇼팽을 기념하기 위해 5년마다 바르샤바에서 열린다.

20 제주에 사는 인어공주 pp. 40~41

Words & Expressions

A 1 잠수하다 2 해초 3 이끌다
4 수확물 5 해양 생물 6 호흡
7 독특한
8 technique 9 collect 10 expert
11 wetsuit 12 mermaid 13 surface
14 seafood

B 1 Hold your breath 2 come back
3 according to 4 up to
5 is divided into

Translations

1 사람들은 나를 '제주의 인어'라고 부른다.

2 당신은 왜 사람들이 나를 그렇게 부르는지 궁금한가?

3 매일, 나는 신선한 해산물과 해초를 수확하기 위해 바다 속 깊이 잠수한다.

4 내가 수면으로 다시 돌아올 때, 나는 '숨비소리'라고 불리는 이상한 소리를 낸다.

5 그것은 다른 해녀들이 내가 어디에 있는지 알게 한다.

6 해녀는 경험의 정도에 따라 하군, 중군, 상군의 세 개의 그룹으로 나누어진다.

7 많은 경험을 가진 해녀는 나처럼 상군이 된다.

UNIT 6

21 찌릿찌릿, 정전기 pp. 42~43

Words & Expressions

A 1 불꽃 2 정전기 3 말 그대로
4 습도 5 마찰 6 발생하다
7 수조
8 raise 9 metal 10 electricity
11 lightning 12 dangerous 13 object
14 humidifier

B 1 Take off 2 release 3 stand up
4 chance 5 contact

Translations

1 이런 일들은 정전기에 의해 발생한다.

2 그래서 '정전기'는 말 그대로 움직이지 않는 전기를 의미한다.

3 그것은 번개만큼 강하지만, 당신의 몸을 통해 흐르지 않기 때문에 위험하지 않다.

4 마찰은 두 가지가 서로 접촉할 때 발생한다.

5 너무 많으면 그것은 정전기로 방출된다.

6 건조한 공기는 정전기의 가능성을 증가시키기 때문에 습도를 높이는 것이 도움이 된다.

7 가습기나 수조를 사용함으로써 당신은 방안의 공기를 덜 건조하게 할 수 있다.

22 실패를 환영합니다! pp. 44~45

Words & Expressions

A 1 전시품 2 맛 3 소비자
4 사라지다 5 그럼에도 불구하고
6 혁신적인 7 손으로 쓴 것
8 soft drink 9 exhibit 10 seem
11 recognize 12 failure 13 success
14 total

B 1 decide to 2 combine, into 3 different from
4 led to 5 look at

Translations

1 그러나 스웨덴에 보통의 박물관과는 다른 박물관이 있다.
2 그래서 그 회사는 사람들이 원하는 것을 결합하기로 결정했고 그것들을 하나의 음료로 섞었다.
3 그럼에도 불구하고, 코카콜라 회사는 새로운 탄산음료 만드는 것을 멈추지 않았다.
4 때때로 그것은 사용자가 쓴 것을 이해하지 못했다.
5 만약 누군가가 '내일 엄마와 점심 식사'라고 쓰면, '시내까지 택시를 타고 가세요.'라고 입력할지 모른다.
6 코카콜라 블랙과 뉴턴의 공통점은 무엇인가?
7 그것은 당신은 실패로부터 배울 수 있고, 실패는 성공으로 이어질 수도 있다는 것을 보여 준다.

23 해태야, 넌 누구니? pp. 46~47

Words & Expressions

A 1 상상의 2 뿔 3 특징
4 구별하다 5 과거 6 나무로 만든
7 구조물
8 palace 9 statue 10 consider
11 guard 12 disaster 13 justice
14 first of all

B 1 keep away 2 looks like 3 caught fire
4 be protected 5 for centuries

Translations

1 우선, 해태는 무엇이 옳고 그른지 구별할 수 있었기 때문에 현명하다고 여겨졌다.
2 이것이 경복궁과 국회 의사당 같은 곳에 해태상이 있는 이유이다.
3 이곳들은 정의가 수호되어야 하는 장소들이다.
4 해태는 또한 화재와 재난을 막아주었다.
5 경복궁은 목조 건물이어서 불이 쉽게 붙을 수 있다.
6 서울시는 해태를 마스코트로 삼았고, 그 캐릭터는 '해치'라고 이름 붙여졌다.
7 서울 시민들은 해치가 수 세기 동안 경복궁을 지켜온 것처럼 그들의 도시를 지켜주기를 바란다.

24 중2병이 아니에요! pp. 48~49

Words & Expressions

A 1 쾌활한 2 속상한 3 이성적으로
4 불편한 5 반응하다 6 영향을 미치다
7 의사 결정
8 specific 9 rapidly 10 directly
11 emotion 12 physical 13 confused
14 normal

B 1 step back 2 played an, role
3 for no reason 4 That is why 5 Calm down

Translations

1 우선, 십 대는 신체가 호르몬을 생산하기 시작하는 시기이다.
2 그것들은 당신의 몸이 빠르게 자라게 하고, 이러한 신체적인 변화는 당신을 혼란스럽고 불편하게 만들 수 있다.
3 감정과 의사 결정을 조절하는 뇌의 영역은 여전히 발달하고 있다.
4 그것이 당신이 이성적으로 생각하기 전에 때때로 감정적으로 반응하는 이유이다.
5 당신이 이유 없이 화가 나거나 속상할 때마다, 진정하려고 노력하고 가족이나 친구들과 당신의 감정에 대해 이야기해라.
6 그 상황에서 한 발짝 물러서는 것도 도움이 된다.
7 십 대 때 이런 식으로 행동하거나 느끼는 것은 매우 정상적이라는 것을 기억해라.

UNIT 7

25 내 말은 몇 마리? pp. 50~51

Words & Expressions

A 1 절반 2 남기다 3 농장
4 해결하다 5 총, 전부 6 더하기
7 정확한, 맞는
8 will 9 wise 10 return
11 neighbor 12 borrow 13 advice
14 in the end

B 1 raise 2 borrow 3 received
4 divided by 5 ask for

Translations

1 세 아들은 17을 2, 3, 또는 9로 나눌 수가 없었기 때문에 혼란스러웠다.
2 그래서 그들은 현인에게 조언을 구했다.
3 그는 그들에게 이웃으로부터 말 한 마리를 빌려 오라고 말했다.
4 이제 세 아들에게는 총 18마리의 말이 있었다.
5 그 현인은 첫째 아들에게 18마리의 절반인, 9마리의 말을 주었다.
6 둘째 아들은 1/3인 6마리를 받았다.
7 결국 모두가 정확한 수의 말을 받았다!

26 비누의 원리는? pp. 52~53

Words & Expressions

A 1 때, 먼지 2 분자 3 물을 싫어하는
4 피부 5 물을 좋아하는 6 작은
7 무리
8 soap 9 pollute 10 environment
11 remove 12 different 13 surround
14 rinse away

B 1 took, away 2 are made up 3 bound, with
4 is surrounded by 5 attached, to

Translations

1 우리는 손을 씻으려고 매일 비누를 사용한다.

2 그것은 때를 제거해서 가져간다.

3 비누는 분자로 구성되어 있고 이 분자에는 두 개의 다른 부분들이 있다.

4 당신이 더러운 손을 비누로 씻을 때, 물을 싫어하는 부분은 손에 있는 때와 기름에 달라붙고, 반면에 물을 좋아하는 부분은 물과 뭉친다.

5 그래서 때와 기름은 비누의 분자에 둘러싸이고 그것들이 작은 무리를 형성한다.

6 이것은 물과 기름이 섞이지 않기 때문이다.

7 비누는 물과 기름 사이에서 다리와 같은 역할을 해서 당신의 피부에 있는 때는 쉽게 씻겨질 수 있다.

27 돈을 많이 찍어 내면 좋을까? pp. 54~55

Words & Expressions

A 1 (돈을) 벌다 2 이용할 수 있는 3 어리석은
4 제한된 5 전부의 6 완전히
7 감소하다
8 unexpected 9 value 10 government
11 debt 12 situation 13 loaf
14 terrible

B 1 worthless 2 burning 3 increasing
4 earns 5 Few

Translations

1 많은 사람들은 돈을 벌기 위해 열심히 일하지만, 돈이 충분히 있다고 생각하는 사람은 거의 없다.

2 독일 정부는 충분한 돈이 없어서 계획을 하나 세웠다.

3 그들은 나라의 빚을 갚기 위해 많은 돈을 찍어 내기로 했다.

4 안타깝게도, 그들이 더 많은 돈을 찍어 낼수록 그것의 가치는 더 빨리 떨어졌다.

5 이것은 물가를 상승시켰고 끔찍한 상황으로 이끌었다.

6 그들은 돈을 벽지로 사용하거나 장작 대신 불태웠다.

7 독일은 더 많은 돈을 찍어 내는 것이 국가에 도움이 될 것이라고 생각했다.

28 접시까지 먹어 볼까? pp. 56~57

Words & Expressions

A 1 나무젓가락 2 접시 3 일회용의
4 식기(류) 5 식물성의 6 원료
7 쓰레기통
8 convenient 9 waste 10 contain
11 chemical 12 microwave 13 pollution
14 eco-friendly

B 1 disposable 2 unlike 3 tastes like
4 hurt 5 throw away

Translations

1 공원에서 소풍을 즐긴 후에, 사람들은 보통 종이컵, 나무젓가락, 플라스틱 접시를 버린다.

2 이 환경 문제를 해결하기 위해 한 폴란드 회사가 특별한 접시를 만들기 시작했다.

3 그 접시는 식물성 원료로 만들어지고, 어떤 화학물질도 포함하고 있지 않아서 특별하다.

4 그것들은 밀기울로 만들어지기 때문에, 빵 같은 맛이 난다!

5 그 접시는 30일 이내에 어떤 오염도 발생시키지 않고 완전히 부패할 것이다.

6 대부분의 일회용 식기류와는 달리 이 접시는 오븐과 전자레인지에서 안전하게 사용될 수 있다.

7 다음에는, 환경을 돕기 위해 이런 친환경 접시를 사용해 봐라!

UNIT 8

29 기내식은 맛있을까? pp. 58~59

Words & Expressions

A 1 기압 2 땅 3 맛
4 선실 5 상당히 6 맛있는
7 반어적으로
8 disappointed 9 environment 10 salty
11 reduce 12 dull 13 meal
14 breathe

B 1 contain 2 taste 3 reduce
4 as, as 5 prevent, from

Translations

1 그러나 당신은 음식 맛을 보면 실망할 수도 있다.

2 왜 음식의 맛이 당신이 기대했던 만큼 좋지 않을까?

3 하늘을 날 때, 비행기 안의 기압은 땅에 있을 때보다 훨씬 더 낮아진다.

4 게다가 객실 안의 공기는 우리가 땅에 있을 때 호흡하는 공기보다 더 건조하다.

5 그래서 그것은 귀가 음식 맛을 보도록 돕는 것을 막는다.

6 이것이 음식을 덜 맛있게 한다.

7 반어적으로, 기내식은 사실상 더 맛있게 만들기 위해서 보통의 음식보다 더 많은 소금과 설탕을 포함한다.

30 연필이 보내는 메시지 pp. 60~61

Words & Expressions

A 1 가는, 얇은 2 그리다 3 충고
4 무딘 5 날카롭게 하다 6 추측하다
7 두께
8 pencil sharpener 9 fix
10 length 11 point 12 appearance
13 clothes 14 pain

B 1 Remember to 2 making mistakes
3 overcome 4 improve 5 inside

Translations

1 나는 길고 가늘며, 보통 나무로 만들어진다.

2 나는 뭉뚝해지면 날카로워져야 한다.

3 연필깎이 안에서 나는 고통을 느끼지만 전보다 훨씬 더 날카롭고 좋아진다.

4 우리는 모두 실수를 하고 그것들을 바로 잡으려고 노력하면서 그것들로부터 배울 수 있다.

5 나의 어느 부분이 가장 중요한지 추측할 수 있는가?

6 그것은 당신의 옷이나 외모보다 훨씬 더 중요하다.

7 그러니, 매일 당신의 내면에 있는 것을 더 낫게 만들 것을 기억하라.

31 거인을 위한 채소 pp. 62~63

Words & Expressions

A 1 호박 2 마차 3 마법으로
4 거대한 5 북극 6 지역
7 ~까지
8 cabbage 9 climate 10 fair
11 growing season 12 poor
13 growth 14 regular

B 1 on average 2 is located 3 close to
4 turn into 5 famous for

Translations

1 작은 호박이 마법으로 큰 호박 마차로 변했다.

2 알래스카 주 박람회는 거대한 채소로 유명하다.

3 양배추는 사람만큼 무겁다!

4 알래스카에서는 재배 기간이 평균 105일로 매우 짧다.

5 하지만, 그 주는 북극 근처에 위치해 있어서 여름에 길고 어두운 밤이 없다.

6 이러한 긴 일조 시간이 채소가 더 크게 자라도록 한다.

7 이것이 바로 마법 없이도 거대한 채소가 자라는 방법이다.

32 당신의 미각을 믿으시나요? pp. 64~65

Words & Expressions

A 1 비싼 2 꽤 3 촉촉한
4 정확히 5 재료 6 추정하다
7 실험
8 price 9 case 10 agree
11 judge 12 quality 13 product
14 contain

B 1 judge 2 assume 3 be held
4 the same 5 quite

Translations

1 그 실험에서 사람들은 두 가지 다른 케이크를 시식해 보라는 요청을 받았다.

2 하나는 15달러였고, 다른 하나는 55달러였다.

3 어떤 케이크가 더 맛있는지 질문을 받았을 때, 대부분의 사람들은 55달러짜리 케이크가 더 맛있다는 것에 동의했다.

4 나중에 그들은 두 개의 케이크가 정확히 같은 것이라는 것을 알고 놀랐다.

5 때때로 우리는 제품의 품질을 판단하는 데 가격을 이용한다.

6 우리는 가격이 높으면 높을수록 품질이 더 좋다고 추정한다.

7 이 경우에, 사람들은 더 비싼 케이크에 더 좋은 재료가 들어 있거나 그 케이크가 유명한 빵집에서 온 것이라고 추정했다.

READING
CLEAR 2

동아출판 영어 교재 가이드

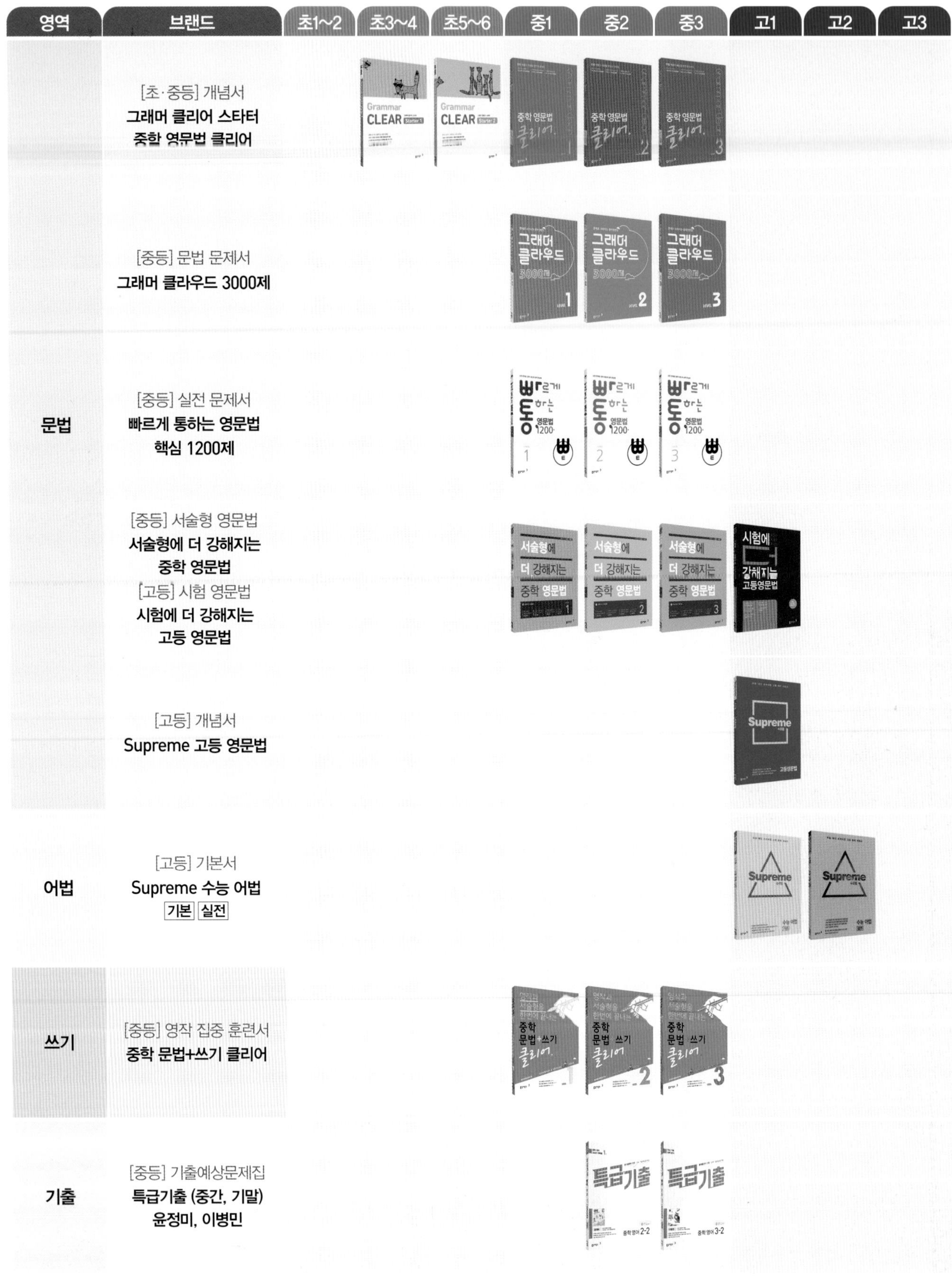

영역	브랜드	초1~2	초3~4	초5~6	중1	중2	중3	고1	고2	고3
문법	[초·중등] 개념서 그래머 클리어 스타터 중학 영문법 클리어									
	[중등] 문법 문제서 그래머 클라우드 3000제									
	[중등] 실전 문제서 빠르게 통하는 영문법 핵심 1200제									
	[중등] 서술형 영문법 서술형에 더 강해지는 중학 영문법 [고등] 시험 영문법 시험에 더 강해지는 고등 영문법									
	[고등] 개념서 Supreme 고등 영문법									
어법	[고등] 기본서 Supreme 수능 어법 기본 실전									
쓰기	[중등] 영작 집중 훈련서 중학 문법+쓰기 클리어									
기출	[중등] 기출예상문제집 특급기출 (중간, 기말) 윤정미, 이병민									

문장 해석과 지문 이해를 한 번에 끝내는 **리딩 클리어**

READING CLEAR

WORKBOOK 2

동아영어콘텐츠연구팀

동아출판

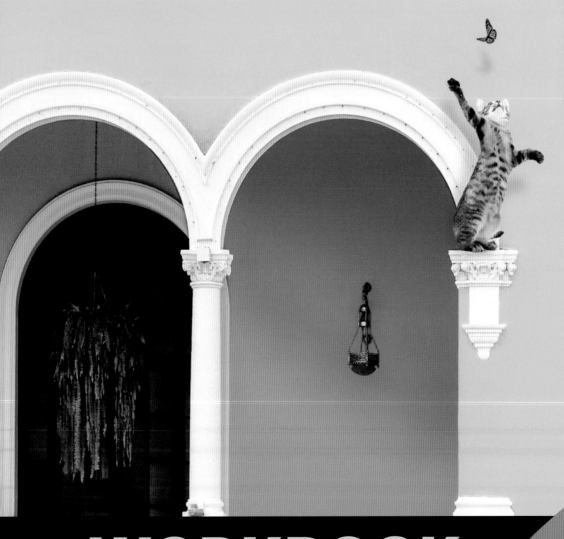

READING CLEAR 2

WORKBOOK

01 우리 셀카 찍을래?

Words & Expressions

A 다음 영어 표현은 우리말 뜻을, 우리말은 해당하는 영어 표현을 쓰시오.

1 selfie ____________

2 require ____________

3 share ____________

4 express ____________

5 similar ____________

6 nowadays ____________

7 post ____________

8 기술 ____________

9 발명하다 ____________

10 편리한 ____________

11 추억, 기억 ____________

12 포착하다 ____________

13 순간 ____________

14 자화상 ____________

B 우리말과 같은 뜻이 되도록 〈보기〉에서 알맞은 것을 골라 쓰시오. (필요하면 형태를 변형할 것)

보기	thanks to	first of all	in other words	these days	take pictures of

1 ________ ________ ________, it is healthier for you!
(무엇보다도, 그것은 당신의 건강에 더 좋습니다!)

2 A woman is ________ ________ ________ street landscapes.
(한 여자가 거리 풍경을 사진 찍고 있다.)

3 ________ ________ you, I had such a wonderful time in Paris!
(네 덕분에 나는 파리에서 너무나 멋진 시간을 보냈어!)

4 ________ ________ ________, he won't attend my wedding ceremony.
(다시 말해, 그는 나의 결혼식에 참석하지 않을 것이다.)

5 Many people use smartphones ________ ________.
(요즘 많은 사람들은 스마트폰을 사용한다.)

» Answers p.44

Translations

● 표시한 부분에 유의하여 본문의 주요 문장을 해석하시오.

1 These days, you can **see** people **taking** pictures of themselves everywhere.

→ ______

2 Why **have** selfies **become** so popular?

→ ______

3 Long ago, before cameras **were invented**, / people had a similar **way of taking** selfies.

→ ______

4 Nowadays, **thanks to** smartphones, / people can easily take photos of themselves.

→ ______

5 Today, we take selfies **to capture** special moments / and post them on our SNS.

→ ______

6 We **share** our thoughts and feelings about selfies / **with** others online.

→ ______

7 In other words, / **taking selfies** is more than just a way **to record** our memories.

→ ______

02 만리장성의 숨겨진 비밀

Words & Expressions

A 다음 영어 표현은 우리말 뜻을, 우리말은 해당하는 영어 표현을 쓰시오.

1 structure ____________

2 earthquake ____________

3 survive ____________

4 disaster ____________

5 secret ____________

6 recently ____________

7 sticky rice ____________

8 궁금한 ____________

9 고대의 ____________

10 벽돌 ____________

11 보통의 ____________

12 궁전 ____________

13 절, 사원 ____________

14 지혜 ____________

B 우리말과 같은 뜻이 되도록 〈보기〉에서 알맞은 것을 골라 쓰시오. (필요하면 형태를 변형할 것)

보기	such as	thousands of	boil	durable	sticky

1 ____________ a lot of water in a pot.
(냄비에 물을 많이 끓여라.)

2 The chameleon has a long, ____________ tongue.
(카멜레온은 길고 끈적거리는 혀를 가지고 있다.)

3 Lung cancer kills ____________ ____________ people every year.
(폐암으로 매년 수천 명의 사람들이 죽는다.)

4 Foods ____________ ____________ fish, mushrooms, and milk have vitamin D.
(생선, 버섯, 그리고 우유와 같은 음식들에 비타민 D가 들어 있다.)

5 These blue jeans are made of ____________ cloth.
(이 청바지는 오래 견딜 수 있는 옷감으로 만들어진다.)

» Answers p.44

Translations

• 표시한 부분에 유의하여 본문의 주요 문장을 해석하시오.

1 It **has survived** strong earthquakes and other disasters / **for thousands of years**.

→ ______________________________

2 **Are you curious** about the secret / **that** keeps the Great Wall of China so strong?

→ ______________________________

3 They boiled rice / **until** it became sticky, / and then mixed it with the mortar.

→ ______________________________

4 When this sticky rice mortar dried, / it was **much stronger than** regular mortar.

→ ______________________________

5 Using it between the bricks / **made** the Great Wall of China **strong and durable**.

→ ______________________________

6 Therefore, sticky rice mortar **was** only **used** for special structures, / **such as** palaces and temples.

→ ______________________________

7 **Thanks to** the wisdom of the ancient Chinese, / the Great Wall of China is still standing after all these years.

→ ______________________________

03 누가 범인일까?

Words & Expressions

A 다음 영어 표현은 우리말 뜻을, 우리말은 해당하는 영어 표현을 쓰시오.

1 captain ______________

2 smoothly ______________

3 crew ______________

4 sailor ______________

5 national flag ______________

6 immediately ______________

7 single ______________

8 도둑 ______________

9 요리사 ______________

10 고치다, 바로잡다 ______________

11 돌아오다 ______________

12 불가능한 ______________

13 매달다 ______________

14 의심하다 ______________

B 우리말과 같은 뜻이 되도록 〈보기〉에서 알맞은 것을 골라 쓰시오. (필요하면 형태를 변형할 것)

보기	take off	upside down	be good at	on one's way	try to

1 He ____________ ____________ ____________ solving difficult math problems.
(그는 어려운 수학 문제 푸는 것을 잘한다.)

2 I bought some flowers ____________ ____________ ____________ home.
(나는 집에 오는 길에 꽃을 좀 샀다.)

3 Would you please ____________ ____________ your hat inside?
(실내에서는 모자를 벗어 주시겠어요?)

4 She hung a picture ____________ ____________ on the wall.
(그녀는 벽에 그림을 거꾸로 걸어놓았다.)

5 He ____________ ____________ finish his homework by noon.
(그는 정오까지 숙제를 끝내려고 노력했다.)

Translations

● 표시한 부분에 유의하여 본문의 주요 문장을 해석하시오.

1 A Japanese ship was **on its way** out to sea.

→ ______

2 The captain **took** his ring **off**, / and put it on a table.

→ ______

3 I was checking / **that** everything was running smoothly.

→ ______

4 I was fixing our national flag / **because** it was **upside down**.

→ ______

5 The captain immediately knew / **who had his ring**.

→ ______

6 The Japanese national flag is white / **with** a single red circle in the middle.

→ ______

7 **It** is impossible / **to hang** it upside down.

→ ______

04 하마, 어디까지 아니?

Words & Expressions

A 다음 영어 표현은 우리말 뜻을, 우리말은 해당하는 영어 표현을 쓰시오.

1 friendly	________________	8 얇은	________________
2 weigh	________________	9 사실인	________________
3 per	________________	10 ~을 따라	________________
4 bottom	________________	11 풀	________________
5 incorrect	________________	12 틀린	________________
6 plant	________________	13 공격적인	________________
7 consume	________________	14 공격하다	________________

B 우리말과 같은 뜻이 되도록 〈보기〉에서 알맞은 것을 골라 쓰시오. (필요하면 형태를 변형할 것)

보기	in fact	feed on	except	now that	daily

1 ________________ ________________, we should have left an hour ago.
(사실 우리는 한 시간 전에 출발했어야 했다.)

2 Television has become a part of our ________________ lives.
(텔레비전은 우리의 일상생활의 일부가 되었다.)

3 Hyenas ________________ ________________ small dead animals and birds.
(하이에나는 죽은 작은 동물과 새를 먹고 산다.)

4 He kept his illness from all ________________ his wife.
(그는 아내를 제외한 다른 사람들에게 자신의 병을 숨겼다.)

5 The sports fans are leaving the stadium ________________ ________________ the game is over.
(경기가 끝나서 스포츠 팬들이 경기장을 떠나고 있다.)

›› Answers p.44

Translations

• 표시한 부분에 유의하여 본문의 주요 문장을 해석하시오.

1 **There are** many facts about hippos / **that** might surprise you.

→ ______________________________

2 Adult hippos are three meters **long** / and **weigh** three tons!

→ ______________________________

3 Hippos can run / **at speeds of** up to 32 kilometers per hour.

→ ______________________________

4 Hippos spend most of their time in the water, / **except** when they eat.

→ ______________________________

5 This is incorrect, / **as** hippos **feed** only **on** plants.

→ ______________________________

6 They **consume** between 30 to 50 kilograms of grass daily.

→ ______________________________

7 **Now that** you've learned / **that** hippos eat only grass, / you might think / **that** they are friendly.

→ ______________________________

05 마음도 충전이 가능한가요?

Words & Expressions

A 다음 영어 표현은 우리말 뜻을, 우리말은 해당하는 영어 표현을 쓰시오.

1 depression ________________

2 confused ________________

3 meditation ________________

4 comfortable ________________

5 relaxed ________________

6 positive ________________

7 concentrate ________________

8 충전하다 ________________

9 미음 ________________

10 조용한 ________________

11 규칙적인 ________________

12 초보자 ________________

13 향상시키다 ________________

14 혜택, 이득 ________________

B 우리말과 같은 뜻이 되도록 〈보기〉에서 알맞은 것을 골라 쓰시오. (필요하면 형태를 변형할 것)

보기	lie down	focus on	wake up	a number of	take a breath

1 We ________ ________ and saw many stars in the night sky.
(우리는 누워서 밤하늘에 있는 많은 별들을 보았다.)

2 Haenyeo can dive for two minutes without ________ ________ ________.
(해녀는 숨 쉬지 않고 2분 동안 잠수할 수 있다.)

3 I couldn't ________ ________ my studies because it was too hot.
(너무 더워서 나는 공부에 집중할 수가 없었다.)

4 I had to ________ ________ really early this morning.
(나는 오늘 아침에 정말로 일찍 일어나야 했다.)

5 ________ ________ ________ people are learning yoga.
(많은 사람들이 요가를 배우고 있다.)

» Answers p.45

Translations

- 표시한 부분에 유의하여 본문의 주요 문장을 해석하시오.

1 But do you know / **that** you can do the same thing with your mind?

→

2 Stress, worry, and depression can **make** your mind **tired and confused**.

→

3 Then **take** deep breaths, / **listen** to the sound of your breathing, / and **focus** on it.

→

4 However, **it** is important **to meditate** / at a regular time, **such as** just before going to bed / **or** just after waking up.

→

5 It can **help** you **improve** your memory.

→

6 It can also improve your ability **to concentrate**.

→

7 So **why don't you** start recharging your mind / with meditation today?

→

06 요리사 모자의 비밀

Words & Expressions

A 다음 영어 표현은 우리말 뜻을, 우리말은 해당하는 영어 표현을 쓰시오.

1 chef ______________

2 neat ______________

3 practical ______________

4 tidy ______________

5 fold ______________

6 dish ______________

7 common ______________

8 의미 ______________

9 목적, 용도 ______________

10 경험 ______________

11 높이 ______________

12 주방장 ______________

13 상징 ______________

14 전문적인 ______________

B 우리말과 같은 뜻이 되도록 〈보기〉에서 알맞은 것을 골라 쓰시오. (필요하면 형태를 변형할 것)

보기	fall into	related to	still	purpose	rank

1 Five minutes later, he ______________ ______________ a deep sleep.
(5분 후에 그는 깊은 잠에 빠졌다.)

2 It's ______________ raining cats and dogs outside.
(여전히 밖에 비가 억수같이 오고 있다.)

3 I think that feeling happy is not ______________ ______________ money.
(나는 행복함을 느끼는 것은 돈과 관련이 없다고 생각한다.)

4 The ______________ of wearing boots is to keep your feet warm.
(부츠를 신는 목적은 당신의 발을 따뜻하게 하는 것이다.)

5 The mayor is a person of high ______________ in my community.
(시장은 우리 지역에서 높은 지위의 사람이다.)

»» Answers p.45

Translations

• 표시한 부분에 유의하여 본문의 주요 문장을 해석하시오.

1 **Who** usually **wears** a tall white hat?

→ ______________________________

2 A chef's hat **keeps** the hair / **neat and tidy**.

→ ______________________________

3 It also **prevents** hair **from** falling into food.

→ ______________________________

4 Long ago, the folds showed / **how** many egg dishes a chef could cook.

→ ______________________________

5 For example, / a hat with 100 folds showed / **that** the chef could cook eggs / in 100 different ways.

→ ______________________________

6 The height of a chef's hat **was related to** / the rank in the kitchen.

→ ______________________________

7 This way, **it** was very easy / **for anyone to find** the head chef / in the busy kitchen.

→ ______________________________

07 우유의 변신은 무죄!

Words & Expressions

A 다음 영어 표현은 우리말 뜻을, 우리말은 해당하는 영어 표현을 쓰시오.

1 strainer ____________
2 vinegar ____________
3 stove ____________
4 mold ____________
5 rubbery ____________
6 stuff ____________
7 freezer ____________
8 따르다 ____________
9 데우다 ____________
10 붓다 ____________
11 끓다 ____________
12 치우다, 제거하다 ____________
13 장식하다 ____________
14 젓다 ____________

B 우리말과 같은 뜻이 되도록 〈보기〉에서 알맞은 것을 골라 쓰시오. (필요하면 형태를 변형할 것)

보기	made from	cool down	take ~ out of	be called	as ~ as possible

1 Cake is ____________ ____________ flour, milk, and eggs.
(케이크는 밀가루, 우유, 달걀로 만들어진다.)

2 Let me know the results ____________ soon ____________ ____________.
(가능한 한 빨리 결과를 알려 주세요.)

3 The Korean alphabet ____________ ____________ Hangeul in Korean.
(한국의 알파벳은 한국말로 한글이라고 불린다.)

4 ____________ the cake ____________ ____________ the oven after ten minutes.
(10분 후에 케이크를 오븐에서 꺼내세요.)

5 ____________ ____________ very gradually after working up a sweat.
(땀을 흠뻑 흘린 후에는 매우 천천히 몸을 식히세요.)

» Answers p.45

Translations

• 표시한 부분에 유의하여 본문의 주요 문장을 해석하시오.

1 But did you know / **that** plastic can **be made from** milk, too?

→ ______________________________

2 Just follow these simple steps, / **and** you can make toys, accessories, and anything else you want out of milk.

→ ______________________________

3 Then, stir the milk / **until** it begins to gel.

→ ______________________________

4 When the milk **cools down**, / pour it through the strainer.

→ ______________________________

5 Some soft and rubbery stuff will **get caught** / in the strainer.

→ ______________________________

6 Place the curds on a paper towel / and remove **as** much water **as possible**.

→ ______________________________

7 **Once** the curds **get hard and dry**, / take them out of the molds and decorate them.

→ ______________________________

08 e스포츠가 올림픽에?

Words & Expressions

A 다음 영어 표현은 우리말 뜻을, 우리말은 해당하는 영어 표현을 쓰시오.

1 attract	________	8 실제의	________
2 competition	________	9 운동선수	________
3 audience	________	10 개발하다	________
4 gain	________	11 전략	________
5 argue	________	12 육체의	________
6 debate	________	13 폭력적인	________
7 concentration	________	14 사라지다	________

B 우리말과 같은 뜻이 되도록 〈보기〉에서 알맞은 것을 골라 쓰시오. (필요하면 형태를 변형할 것)

보기 enough to in addition play against anytime soon each other

1 The ice is thick ________ ________ bear your weight.
(그 얼음은 당신의 무게를 지탱할 만큼 두껍다.)

2 They ________ ________ each other for the first time.
(그들은 처음으로 맞대결을 벌였다.)

3 ________ ________, when you laugh, your brain works better.
(게다가, 웃으면 두뇌 활동이 활발해진다.)

4 The children are talking to ________ ________ outside.
(아이들이 밖에서 서로 이야기를 나누고 있다.)

5 Will Jane be back in the office ________ ________?
(Jane이 곧 사무실로 돌아올까?)

›› Answers p.45

Translations

• 표시한 부분에 유의하여 본문의 주요 문장을 해석하시오.

1 Some people even / want to see e-sports / **as** an Olympic event.

→

2 **Professional gamers**, like athletes, **train** hard / and **need** high levels of concentration.

→

3 Also, they develop strategies **to win** games, / **as** in real sports competitions.

→

4 This would **help** the Olympics **gain** more fans.

→

5 Others argue / **that** e-sports do not require the physical level / of difficulty of real sports.

→

6 They also think / that many e-sports are **too** violent **to** be Olympic events.

→

7 **It** is possible / **that** some popular games may disappear / by the next Olympics.

→

09 전기를 만드는 축구장

Words & Expressions

A 다음 영어 표현은 우리말 뜻을, 우리말은 해당하는 영어 표현을 쓰시오.

1 create ______________

2 step ______________

3 lifetime ______________

4 valuable ______________

5 sunset ______________

6 electrical ______________

7 technology ______________

8 전력, 에너지 ______________

9 부족 ______________

10 전기 ______________

11 (빛을) 비추다 ______________

12 지역의 ______________

13 저장하다 ______________

14 잠재적인 ______________

B 우리말과 같은 뜻이 되도록 〈보기〉에서 알맞은 것을 골라 쓰시오. (필요하면 형태를 변형할 것)

보기	give up	used to	generate	change into	gather

1 The lights can ______________ ______________ five different colors.
(이 불빛들은 다섯 가지의 다른 색깔로 바뀔 수 있다.)

2 I didn't ______________ ______________ no matter how difficult it was.
(나는 그 일이 아무리 어려워도 포기하지 않았다.)

3 He ______________ ______________ boast to us about his rich uncle.
(그는 우리에게 부자인 삼촌에 대해 자랑하곤 했다.)

4 This machine can ______________ heat during the daytime.
(이 기계는 낮 동안 열을 발생시킬 수 있다.)

5 This satellite ______________ important scientific data.
(이 인공위성은 중요한 과학적인 자료를 수집했다.)

Translations

● 표시한 부분에 유의하여 본문의 주요 문장을 해석하시오.

1 Most people take **more than** 200 million steps in their lifetime – that's **a lot of** potential energy!

→ ______________________________

2 Scientists have found a way / **to gather** this energy and **change** it into valuable electricity.

→ ______________________________

3 However, **because of** power shortages, / they **used to give up playing** after sunset.

→ ______________________________

4 These tiles **change** energy from the players' footsteps **into** electricity.

→ ______________________________

5 That's **enough** / **to light** an LED lamp for 30 seconds.

→ ______________________________

6 When the children play soccer **during** the day, / the energy **is gathered** and **stored**.

→ ______________________________

7 **Thanks to** this new technology, / the kids have a place / **to play** soccer after dark.

→ ______________________________

10 나만 쳐다 봐!

Words & Expressions

A 다음 영어 표현은 우리말 뜻을, 우리말은 해당하는 영어 표현을 쓰시오.

1 probably	________	8 얼룩	________
2 facial	________	9 관찰하다	________
3 college	________	10 효과	________
4 audience	________	11 실험	________
5 performer	________	12 유명한	________
6 expression	________	13 무대	________
7 closely	________	14 추측하다	________

B 우리말과 같은 뜻이 되도록 〈보기〉에서 알맞은 것을 골라 쓰시오. (필요하면 형태를 변형할 것)

보기	at least	a few	observe	notice	as though

1 Only ________ ________ of them know me.
(그들 중 몇 명만이 나를 알고 있다.)

2 I think I drank ________ ________ 10 glasses of ice water!
(나는 오늘 얼음물을 적어도 10잔은 마신 것 같아!)

3 Most psychologists like to ________ people.
(대부분의 심리학자들은 사람들을 관찰하는 것을 좋아한다.)

4 Nobody seemed to ________ anything wrong.
(아무도 무언가 잘못된 것을 알아차리지 못한 것 같았다.)

5 He speaks ________ ________ he knew everything.
(그는 마치 모든 것을 다 아는 것처럼 얘기한다.)

Translations

• 표시한 부분에 유의하여 본문의 주요 문장을 해석하시오.

1 **What if** people notice this stain / on my shirt?

→ ____

2 You probably think / **that** everybody is watching you, / **just like** a performer on stage.

→ ____

3 Many people believe / that they **are being noticed** by others / more than they actually are.

→ ____

4 They feel / **as though** they are "in the spotlight" **all the time**.

→ ____

5 In an experiment, **a student wearing** a T-shirt with the face of a famous singer / **sat** in a classroom for **a few** minutes.

→ ____

6 The student guessed / that **at least** four **would** remember / **what** he was wearing, but only one of them remembered his T-shirt!

→ ____

7 **The next time** you feel worried / that everybody is looking at you, / remember that you are **the one** / **who** is the most focused on yourself.

→ ____

11 갑자기 뚫리는 구멍

Words & Expressions

A 다음 영어 표현은 우리말 뜻을, 우리말은 해당하는 영어 표현을 쓰시오.

1 suddenly	______	8 구멍	______
2 dirt	______	9 무서운	______
3 eventually	______	10 숲	______
4 common	______	11 사람이 만든	______
5 drill	______	12 증가	______
6 underground	______	13 나타나다	______
7 construction	______	14 경고	______

B 우리말과 같은 뜻이 되도록 〈보기〉에서 알맞은 것을 골라 쓰시오. (필요하면 형태를 변형할 것)

보기 result in swallow collapse wash away support

1 The flood ________ ________ the bridge.
(홍수로 다리가 쓸려 나갔다.)

2 Some changes can ________ ________ increased productivity.
(약간의 변화가 생산성 향상을 야기할 수 있다.)

3 Chew your food many times before you ________ it.
(삼키기 전에 음식을 여러 번 씹으세요.)

4 Heavy timbers ________ the floor above.
(굵은 목재들이 위층을 지탱하고 있었다.)

5 It took less than a few minutes for the building to ________.
(그 건물이 무너지는 데는 몇 분이 걸리지 않았다.)

Translations

● 표시한 부분에 유의하여 본문의 주요 문장을 해석하시오.

1 Suddenly a hole **starts to open up** / in the middle of the street.

→ ______________________________

2 Natural sinkholes **are found** / in forests and seas.

→ ______________________________

3 They **are** usually **caused** / **by** the water under the ground.

→ ______________________________

4 First, the water **washes away** the dirt.

→ ______________________________

5 Soon, there is **nothing** / **to support** the ground above the water.

→ ______________________________

6 **The sinkholes found in cities** / are created by human activities.

→ ______________________________

7 **A lot of** underground activities / **like** drilling / can **result in** small to large sinkholes.

→ ______________________________

12 특별한 교통수단

Words & Expressions

A 다음 영어 표현은 우리말 뜻을, 우리말은 해당하는 영어 표현을 쓰시오.

1 type ____________________

2 motorcycle ____________________

3 carry ____________________

4 luggage ____________________

5 wooden ____________________

6 board ____________________

7 rough ____________________

8 교통수단 ____________________

9 좁은 ____________________

10 관광객 ____________________

11 지역 주민 ____________________

12 승객 ____________________

13 값이 싼 ____________________

14 시끄러운 ____________________

B 우리말과 같은 뜻이 되도록 〈보기〉에서 알맞은 것을 골라 쓰시오. (필요하면 형태를 변형할 것)

보기	look like	a little	behind	unusual	travel

1 Who is this ________________ you in the picture?
(사진에서 네 뒤에 있는 이 사람은 누구니?)

2 Sound ________________ at high speed in the air.
(소리는 공기 중에서 빠른 속도로 이동한다.)

3 You ________________ ________________ a totally new person in that dress.
(그 드레스를 입으니 완전히 다른 사람처럼 보여요.)

4 May I leave ________________ ________________ earlier than usual today?
(오늘은 평소보다 조금 일찍 퇴근해도 될까요?)

5 This is a coffee made from a very ________________ process.
(이것은 매우 특이한 공정으로 생산되는 커피이다.)

Translations

• 표시한 부분에 유의하여 본문의 주요 문장을 해석하시오.

1 The habal-habal is an unusual type of motorcycle / **which** is found in the Philippines.

→ ______________________________

2 A habal-habal **is made** / **by adding** wooden boards to motorcycles.

→ ______________________________

3 People sit on these boards, / so a habal-habal can carry / **more than** ten people and their bags / **at the same time**.

→ ______________________________

4 In Cuba, motorcycles are used **as** taxis.

→ ______________________________

5 They **are called** "coco taxis" / because they **look like** coconuts.

→ ______________________________

6 The yellow taxis are for tourists, / and **the black ones** are for locals.

→ ______________________________

7 Coco taxis are **faster** and **cheaper** / **than** other taxis.

→ ______________________________

13 이름, 마음대로 짓지 마세요!

Words & Expressions

A 다음 영어 표현은 우리말 뜻을, 우리말은 해당하는 영어 표현을 쓰시오.

1	certain	______	8	이름을 지어주다	______
2	court	______	9	성별	______
3	state	______	10	구별하다	______
4	recently	______	11	유명한	______
5	character	______	12	인기 있는	______
6	government	______	13	포함하다	______
7	bully	______	14	설명하다	______

B 우리말과 같은 뜻이 되도록 〈보기〉에서 알맞은 것을 골라 쓰시오. (필요하면 형태를 변형할 것)

보기 ban make fun of be able to tell include

1 It's difficult to ______ the twins by their appearance.
(외모로 쌍둥이를 구별하기는 어렵다.)

2 Cell phones and computers are ______ from the camp.
(휴대전화와 컴퓨터는 캠프에서 사용이 금지된다.)

3 We shouldn't ______ ______ ______ other people's weaknesses.
(우리는 다른 사람의 약점을 놀려서는 안 된다.)

4 I ______ ______ ______ meet the many celebrities thanks to her.
(나는 그녀 덕분에 유명인사들을 많이 만날 수 있었다.)

5 The price of the desk does not ______ the delivery charge.
(이 책상 가격에는 운송비가 포함되어 있지 않다.)

» Answers p.47

Translations

• 표시한 부분에 유의하여 본문의 주요 문장을 해석하시오.

1 In France, a couple was banned / from **naming their daughter** **"Nutella."**

→ ______________________________

2 They hoped / that their daughter would be / **as** sweet and popular **as** Nutella.

→ ______________________________

3 However, a French court banned the name / because other children would **make fun of** it.

→ ______________________________

4 **The list of banned names includes** / characters' names in movies / **such as** Batman, Rambo, Terminator, Harry Potter, Hermione, and James Bond.

→ ______________________________

5 The state government explained / that children **shouldn't be bullied** / because of their names.

→ ______________________________

6 When you hear the name, / you must **be able to** tell / **if** the child is a boy or a girl.

→ ______________________________

7 Names **like** Taylor, Ashley, and Jordan are banned / because they are commonly used for both boys and girls.

→ ______________________________

14 이 소리는 뭐지?

Words & Expressions

A 다음 영어 표현은 우리말 뜻을, 우리말은 해당하는 영어 표현을 쓰시오.

1 growl ____________
2 suddenly ____________
3 embarrassed ____________
4 throat ____________
5 repeatedly ____________
6 movement ____________
7 absorb ____________
8 배, 위 ____________
9 소화하다 ____________
10 빈 ____________
11 근육 ____________
12 과정 ____________
13 신호 ____________
14 (소리가) 큰 ____________

B 우리말과 같은 뜻이 되도록 〈보기〉에서 알맞은 것을 골라 쓰시오. (필요하면 형태를 변형할 것)

보기	go through	break down	during	hardly	digest

1 Please do not eat ____________ the performance.
(공연 중에는 음식을 먹지 마세요.)

2 Passengers must ____________ ____________ airport security.
(승객들은 공항 검색대를 통과해야만 한다.)

3 The materials naturally ____________ ____________ in a year.
(그 물질은 일 년 안에 자연적으로 분해가 된다.)

4 I ____________ ate anything for three days.
(나는 삼 일 동안 거의 먹지 못했다.)

5 Vegetables ____________ much more quickly than meat.
(채소는 고기보다 훨씬 더 빨리 소화된다.)

›› Answers p.47

Translations

• 표시한 부분에 유의하여 본문의 주요 문장을 해석하시오.

1 When you eat food, / the food **goes** through your throat / and **moves** to your stomach.

→ ______________________________

2 The muscles of your stomach contract repeatedly / **to break down** the food.

→ ______________________________

3 **During** this process, / air and gas also move around in your stomach, / and their movements make the strange noises!

→ ______________________________

4 When you eat something, / the growling sound becomes very low / and you can **hardly** hear it.

→ ______________________________

5 **This is because** / the food in your stomach absorbs **most of** the sound.

→ ______________________________

6 However, when your stomach is empty, / the empty areas **make** the sound much **louder**.

→ ______________________________

7 **That is why** some of us think / that we are hungry / when our stomachs growl.

→ ______________________________

15 요리가 된 뚜껑

Words & Expressions

A 다음 영어 표현은 우리말 뜻을, 우리말은 해당하는 영어 표현을 쓰시오.

1 bite-sized	______	8 덮다	______
2 verb	______	9 기원, 유래	______
3 drink	______	10 얇은, 날씬한	______
4 fly	______	11 조각	______
5 serve	______	12 주문하다	______
6 meal	______	13 재료	______
7 solution	______	14 끌어들이다	______

B 우리말과 같은 뜻이 되도록 〈보기〉에서 알맞은 것을 골라 쓰시오. (필요하면 형태를 변형할 것)

보기	come from	on top of	come up with	fall into	more and more

1 Place the onion slices ______ ______ ______ the potatoes.
(채 썬 양파를 감자 위에 얹어라.)

2 The word "university" ______ ______ the Latin "universitas."
(University라는 단어는 라틴어 universitas에서 유래되었다.)

3 The boat is ______ ______ the water.
(그 배가 물속으로 빠지고 있다.)

4 He ______ ______ ______ a new idea to help poor people.
(그는 가난한 사람들을 돕기 위한 새로운 아이디어를 생각해 냈다.)

5 ______ ______ ______ people are moving to the country.
(점점 더 많은 사람들이 시골로 이사가고 있다.)

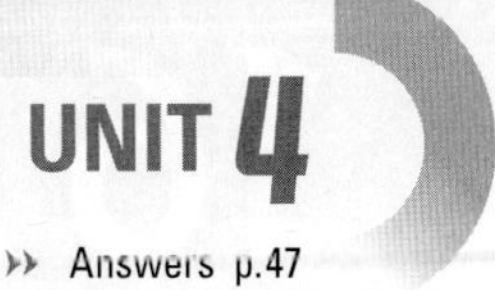

›› Answers p.47

Translations

• 표시한 부분에 유의하여 본문의 주요 문장을 해석하시오.

1 Tapas are bite-sized food / **that** Spanish people enjoy.

→ ______________________________

2 The name **comes from** the Spanish verb *tapar*, / **meaning** "to cover."

→ ______________________________

3 A restaurant **came up with** a solution / to this problem.

→ ______________________________

4 It **started to serve** thin slices of bread or meat / on top of the glasses of sweet drinks.

→ ______________________________

5 This **kept** flies **out of** the sweet drinks.

→ ______________________________

6 Besides, the covers tasted **so** good **that** more and more people wanted them.

→ ______________________________

7 **The next time** you visit Spain, / try **as** many tapas **as you can**!

→ ______________________________

16 노벨상처럼, 노벨상과 다르게?

Words & Expressions

A 다음 영어 표현은 우리말 뜻을, 우리말은 해당하는 영어 표현을 쓰시오.

1 announce ______________

2 ceremony ______________

3 strange ______________

4 achievement ______________

5 extraordinary ______________

6 serious ______________

7 embarrassing ______________

8 상; 수여하다 ______________

9 과학적인 ______________

10 혜택 ______________

11 인류 ______________

12 기념하다 ______________

13 쓸모없는 ______________

14 발견 ______________

B 우리말과 같은 뜻이 되도록 〈보기〉에서 알맞은 것을 골라 쓰시오. (필요하면 형태를 변형할 것)

보기	look for	award	be held	similar to	research

1 More ______________ is needed to answer this question.
(이 질문에 답하기 위해 더 많은 연구가 필요하다.)

2 She is the person I've been ______________ ______________.
(그녀는 내가 찾고 있던 바로 그 사람이다.)

3 The World Cup ______________ ______________ every four years.
(월드컵은 4년마다 개최된다.)

4 A prize will be ______________ to the student who sells the most tickets.
(상은 표를 가장 많이 판매한 학생에게 수여될 것이다.)

5 Your watch is ______________ ______________ mine in shape and color.
(네 시계는 모양과 색깔이 내 것과 비슷하다.)

Translations

• 표시한 부분에 유의하여 본문의 주요 문장을 해석하시오.

1 It happens / just before the famous Nobel Prize **is awarded**.

→ ______________________________

2 Do you think / that the name **sounds similar to** the Nobel Prize?

→ ______________________________

3 **While** the Nobel Prize is serious / and the winners' achievements give great benefits to mankind, / the Ig Nobel Prize celebrates fun and extraordinary scientific research.

→ ______________________________

4 When you see the winners' list, / you will realize / that their studies are unique and sometimes even **embarrassing**.

→ ______________________________

5 Do woodpeckers get headaches / because they **keep moving** their heads?

→ ______________________________

6 Crazy ideas can **make** great scientific discoveries **possible**.

→ ______________________________

7 **Why don't you look for** answers to unusual questions?

→ ______________________________

17 카페인을 조심하세요!

Words & Expressions

A 다음 영어 표현은 우리말 뜻을, 우리말은 해당하는 영어 표현을 쓰시오.

1 caffeine ____________

2 careful ____________

3 quickly ____________

4 daily ____________

5 intake ____________

6 affect ____________

7 actually ____________

8 성장 ____________

9 피곤한 ____________

10 도움이 되는 ____________

11 방해하다 ____________

12 ~보다 적은 ____________

13 십 대 ____________

14 예를 들어 ____________

B 우리말과 같은 뜻이 되도록 〈보기〉에서 알맞은 것을 골라 쓰시오. (필요하면 형태를 변형할 것)

보기	instead of	even if	add up	disturb	because of

1 He quit the job ____________ ____________ his health.
(그는 건강 때문에 일을 그만두었다.)

2 ____________ ____________ the total of those six numbers.
(여섯 숫자를 모두 합산해라.)

3 Do not ____________ others. Just read it to yourself.
(다른 사람을 방해하지 마세요. 조용히 속으로 읽으세요.)

4 Try to drink milk ____________ ____________ soda and coffee.
(탄산음료나 커피 대신에 우유를 마셔 보세요.)

5 ____________ ____________ you are good at swimming, water can be dangerous.
(네가 수영을 잘한다 해도 물은 위험할 수 있다.)

» Answers p.48

Translations

● 표시한 부분에 유의하여 본문의 주요 문장을 해석하시오.

1 When you are **feeling tired**, there are many different ways / **to wake** yourself **up**.

→ ____________________

2 **After drinking** them, / you feel **less** tired.

→ ____________________

3 **Even if** you do not drink / a lot of coffee or energy drinks, / you may actually be getting **much more** caffeine / **than** you think.

→ ____________________

4 **As** a teenager, / your daily caffeine intake / should be **less than** 100 mg.

→ ____________________

5 So **pay attention to** / **what** you eat and drink.

→ ____________________

6 Too much caffeine **can disturb** your sleep and **affect** your growth.

→ ____________________

7 **Try drinking** water or fresh juice / **instead of** drinks with caffeine in them.

→ ____________________

18 겉으로 판단하지 마세요!

Words & Expressions

A 다음 영어 표현은 우리말 뜻을, 우리말은 해당하는 영어 표현을 쓰시오.

1 waiter ______________

2 notice ______________

3 tip ______________

4 last ______________

5 bill ______________

6 treat ______________

7 explain ______________

8 옷, 의복 ______________

9 기대하다 ______________

10 손님 ______________

11 (음식을) 제공하다 ______________

12 주문하다 ______________

13 실망한 ______________

14 표정 ______________

B 우리말과 같은 뜻이 되도록 〈보기〉에서 알맞은 것을 골라 쓰시오. (필요하면 형태를 변형할 것)

보기	be ready to	serve	treat	expect	don't have to

1 I'd like to ____________ you to lunch.
(제가 점심을 대접하고 싶어요.)

2 You ____________ ____________ ____________ bring your lunch.
(너는 점심 도시락을 가져올 필요가 없다.)

3 My mom used to ____________ spaghetti to my friends.
(엄마는 내 친구들에게 스파게티를 주시곤 하셨다.)

4 When you ____________ ____________ ____________ continue, press any key.
(계속할 준비가 되면 아무 키나 누르세요.)

5 We ____________ to grow by more than 50% this year.
(우리는 올해 50퍼센트 이상의 성장률을 기대한다.)

›› Answers p.48

Translations

• 표시한 부분에 유의하여 본문의 주요 문장을 해석하시오.

1 **As** he walked in, / two waiters noticed his old clothes.

→ ______________________________

2 We can't expect a good tip from him, / so we don't have to **give him good service**.

→ ______________________________

3 **When** he **was ready to** order, / they didn't **pay attention to** him for a long time.

→ ______________________________

4 They even served other customers' food **first** / and then served him **last**.

→ ______________________________

5 He **gave the waiters a one hundred-dollar bill** / **as** a tip.

→ ______________________________

6 **As** they wanted another big tip, / they treated him **like** a king.

→ ______________________________

7 **After** he noticed the **disappointed** looks on their faces, / he explained the reason.

→ ______________________________

19 바르샤바에 가면?

Words & Expressions

A 다음 영어 표현은 우리말 뜻을, 우리말은 해당하는 영어 표현을 쓰시오.

1 composer ______________________
2 score ______________________
3 world-famous ______________________
4 competition ______________________
5 main ______________________
6 grow up ______________________
7 be decorated with ______________________
8 도착하다 ______________________
9 수도 ______________________
10 누르다 ______________________
11 횡단보도 ______________________
12 참가자 ______________________
13 영원히 ______________________
14 공항 ______________________

B 우리말과 같은 뜻이 되도록 〈보기〉에서 알맞은 것을 골라 쓰시오. (필요하면 형태를 변형할 것)

보기	be born in	be related to	be sure to	as soon as	be proud of

1 My father ____________ ____________ ____________ the small countryside.
(나의 아버지는 작은 시골 마을에서 태어나셨다.)

2 Many Koreans ____________ ____________ ____________ their language.
(많은 한국인들은 그들의 언어를 자랑스러워한다.)

3 She will make her bed ____________ ____________ ____________ she wakes up.
(그녀는 일어나자마자 침대를 정리할 것이다.)

4 ____________ ____________ ____________ brush your gums as well as your teeth.
(치아뿐만 아니라 잇몸도 꼭 닦으세요.)

5 This job ____________ ____________ ____________ my major.
(이 일은 내 전공과 관련이 있다.)

» Answers p.49

Translations

• 표시한 부분에 유의하여 본문의 주요 문장을 해석하시오.

1 Chopin **was born in** Poland and grew up in Warsaw.

→ ______________________________

2 He is **one of the greatest** composers, / and the Polish **are proud of** him.

→ ______________________________

3 You enter Chopin's World / **as soon as** you arrive at Warsaw Airport.

→ ______________________________

4 **Visit** the Palace of Culture and Science, / **and** you **will** see the crosswalk in front of it.

→ ______________________________

5 You can cross the street / **as if** you are playing the piano.

→ ______________________________

6 One of its walls is decorated with his musical scores.

→ ______________________________

7 It **is held** in Warsaw every five years / **to celebrate** Chopin.

→ ______________________________

20 제주에 사는 인어공주

Words & Expressions

A 다음 영어 표현은 우리말 뜻을, 우리말은 해당하는 영어 표현을 쓰시오.

1 dive ______________

2 seaweed ______________

3 guide ______________

4 harvest ______________

5 marine life ______________

6 breathing ______________

7 unique ______________

8 기술 ______________

9 모으다, 거두다 ______________

10 전문가 ______________

11 잠수복 ______________

12 인어 ______________

13 표면 ______________

14 해산물 ______________

B 우리말과 같은 뜻이 되도록 〈보기〉에서 알맞은 것을 골라 쓰시오. (필요하면 형태를 변형할 것)

보기 come back up to be divided into according to hold one's breath

1 ____________ ____________ ____________ and count to ten.
(숨을 참고 열까지 세세요.)

2 You have to ____________ ____________ by thirty to ten.
(10시 30분 전까지는 돌아와야 합니다.)

3 Prices change ____________ ____________ supply and demand.
(가격은 공급과 수요에 따라 변동한다.)

4 The data is available ____________ ____________ December 2020.
(그 자료는 2020년 12월까지 이용 가능하다.)

5 The book ____________ ____________ ____________ two volumes.
(이 책은 두 권으로 나누어져 있다.)

Translations

● 표시한 부분에 유의하여 본문의 주요 문장을 해석하시오.

1 People **call me "the mermaid of Jeju Island**."

→ ______________________________

2 Do you wonder / **why people call** me that?

→ ______________________________

3 Every day, I dive deep under the sea / **to catch** fresh seafood and seaweed.

→ ______________________________

4 When I come back up to the surface of the water, / I make a strange sound / **called** "sumbisori."

→ ______________________________

5 It lets other haenyeo **know** / **where I am**.

→ ______________________________

6 Haenyeo are divided into three groups / **according to** the level of experience: / hagun, junggun and sanggun.

→ ______________________________

7 Haenyeo **who** have a lot of experience / become sanggun, **like** me.

→ ______________________________

21 찌릿찌릿, 정전기

Words & Expressions

A 다음 영어 표현은 우리말 뜻을, 우리말은 해당하는 영어 표현을 쓰시오.

1 spark ____________

2 static electricity ____________

3 literally ____________

4 humidity ____________

5 friction ____________

6 occur ____________

7 fish tank ____________

8 높이다 ____________

9 금속 ____________

10 전기 ____________

11 번개 ____________

12 위험한 ____________

13 물체 ____________

14 가습기 ____________

B 우리말과 같은 뜻이 되도록 〈보기〉에서 알맞은 것을 골라 쓰시오. (필요하면 형태를 변형할 것)

보기 stand up take off release chance contact

1 ____________ ____________ your wet clothes not to catch a cold.
(감기에 걸리지 않도록 젖은 옷을 벗어라.)

2 They ____________ carbon dioxide into the air.
(그것들은 공기 중으로 이산화탄소를 방출한다.)

3 He was about to ____________ ____________.
(그는 일어서려고 했다.)

4 There will be a strong ____________ of showers tomorrow.
(내일은 강한 소나기가 올 가능성이 있다.)

5 This substance should not come into ____________ with water.
(이 물질은 물과 접촉해서는 안 된다.)

Translations

• 표시한 부분에 유의하여 본문의 주요 문장을 해석하시오.

1 These things **are caused by** static electricity.

→ ______________________________

2 So "static electricity" literally means / electricity **that** doesn't move.

→ ______________________________

3 It is **as strong as** lightning, / but it is not dangerous / because it doesn't flow through your body.

→ ______________________________

4 Friction occurs / when two things **come into contact** with each other.

→ ______________________________

5 When there is too much, / it is released **as** static electricity.

→ ______________________________

6 **Since** dry air increases the chance of static electricity, / **it** is helpful **to raise** the humidity level.

→ ______________________________

7 You can **make** the air in your room **less dry** / **by using** a humidifier or a fish tank.

→ ______________________________

22 실패를 환영합니다!

Words & Expressions

A 다음 영어 표현은 우리말 뜻을, 우리말은 해당하는 영어 표현을 쓰시오.

1 display	______	8 탄산음료	______
2 taste	______	9 전시하다	______
3 consumer	______	10 ~처럼 보이다	______
4 disappear	______	11 인식하다	______
5 nevertheless	______	12 실패	______
6 innovative	______	13 성공	______
7 handwriting	______	14 완전한	______

B 우리말과 같은 뜻이 되도록 〈보기〉에서 알맞은 것을 골라 쓰시오. (필요하면 형태를 변형할 것)

보기 decide to / lead to / combine into / different from / look at

1 When did you ______ ______ become a singer?
(언제 가수가 될 것을 결심했나요?)

2 I think we should ______ them ______ one.
(나는 우리가 그것들을 하나로 결합시켜야 한다고 생각한다.)

3 These shoes are ______ ______ ordinary running shoes.
(이 신발은 평범한 운동화와 다르다.)

4 Bad weather ______ ______ the suspension of the game.
(악천후가 경기 중단을 이끌었다.)

5 I don't like people to ______ ______ me.
(나는 사람들이 나를 쳐다보는 것을 좋아하지 않는다.)

›› Answers p.49

Translations

● 표시한 부분에 유의하여 본문의 주요 문장을 해석하시오.

1 However, there is a museum in Sweden / **that** is **different from** usual museums.

→ ______________________

2 So, the company **decided to combine** what people wanted / and mixed them **into** one drink.

→ ______________________

3 Nevertheless, the Coca-Cola Company never **stopped** / **making** new soft drinks.

→ ______________________

4 Sometimes, it didn't understand / **what users wrote**.

→ ______________________

5 **If** someone wrote, "Lunch with Mom tomorrow," / it **would type** "Take a taxi to town."

→ ______________________

6 What do Coca-Cola BlāK and the Newton **have in common**?

→ ______________________

7 It shows / **that** you can learn from failure / and it can **lead to** success.

→ ______________________

23 해태야, 넌 누구니?

Words & Expressions

A 다음 영어 표현은 우리말 뜻을, 우리말은 해당하는 영어 표현을 쓰시오.

1 imaginary ____________

2 horn ____________

3 characteristic ____________

4 tell ____________

5 past ____________

6 wooden ____________

7 structure ____________

8 궁전 ____________

9 조각상 ____________

10 여기다 ____________

11 지키다 ____________

12 재난 ____________

13 정의 ____________

14 우선 ____________

B 우리말과 같은 뜻이 되도록 〈보기〉에서 알맞은 것을 골라 쓰시오. (필요하면 형태를 변형할 것)

보기	for centuries	keep away	look like	catch fire	be protected

1 He went a long way to ____________ ____________ from the wild dog.
(그는 사나운 개를 피하기 위해서 먼 길로 갔다.)

2 He ____________ ____________ an action movie star.
(그는 액션 영화배우처럼 보인다.)

3 Both vehicles ____________ ____________ after the accident.
(두 자동차 모두 사고 후에 불이 붙었다.)

4 They need to ____________ ____________ so that they do not go extinct.
(그들이 멸종되지 않기 위해 보호할 필요가 있다.)

5 *The Mona Lisa* has been the subject of much debate ____________ ____________.
('모나리자'는 수 세기 동안 많은 논쟁거리가 되어 왔다.)

Translations

● 표시한 부분에 유의하여 본문의 주요 문장을 해석하시오.

1 First of all, Haetae **was considered wise** / because it could tell / **what** was right and **what** was wrong.

→ ______________________________

2 **This is why** there are Haetae statues / in places **like** Gyeongbokgung Palace and the National Assembly building.

→ ______________________________

3 These are places / **where** justice should be protected.

→ ______________________________

4 Haetae also **kept** fires and disasters **away**.

→ ______________________________

5 Gyeongbokgung Palace is a wooden structure, so it can **catch fire** easily.

→ ______________________________

6 Seoul **made Haetae its mascot**, / and the character was named "Haechi."

→ ______________________________

7 The people of Seoul hope / **that** Haechi will guard their city / **just as** Haetae has guarded Gyeongbokgung Palace / **for centuries**.

→ ______________________________

24 중2병이 아니에요!

Words & Expressions

A 다음 영어 표현은 우리말 뜻을, 우리말은 해당하는 영어 표현을 쓰시오.

1	cheerful	________	8	특정한	________
2	upset	________	9	빨리	________
3	rationally	________	10	직접적으로	________
4	uncomfortable	________	11	감정	________
5	react	________	12	신체의	________
6	affect	________	13	혼란스러운	________
7	decision-making	________	14	정상적인, 평범한	________

B 우리말과 같은 뜻이 되도록 〈보기〉에서 알맞은 것을 골라 쓰시오. (필요하면 형태를 변형할 것)

보기 play a role　step back　that is why　calm down　for no reason

1 Please ________ ________ from the safety line.
(안전선 뒤로 물러나 주시기 바랍니다.)

2 He ________ ________ important ________ in the victory of his team.
(그는 팀의 승리에 중요한 역할을 했다.)

3 My boss refused my offer ________ ________ ________.
(내 상사는 아무 이유 없이 내 제안을 거절했다.)

4 ________ ________ ________ Korean students study very hard all day long.
(그것이 한국 학생들이 하루 종일 열심히 공부하는 이유이다.)

5 ________ ________ and try to talk again at another time.
(진정하고 다음번에 다시 이야기를 하도록 해.)

Translations

• 표시한 부분에 유의하여 본문의 주요 문장을 해석하시오.

1 First of all, the teenage years are **when** your body **starts producing** hormones.

→ ______________________________

2 They **cause your body to grow** rapidly, / and these physical changes / can **make you feel** confused and uncomfortable.

→ ______________________________

3 **The area** of the brain **that** controls emotions and decision-making / **is** still developing.

→ ______________________________

4 **That is why** you sometimes react emotionally / before thinking rationally.

→ ______________________________

5 **Whenever** you feel angry or upset / **for no reason**, / try to **calm down**, / and talk about your feelings with family or friends.

→ ______________________________

6 **Stepping** back from the situation / **is** also helpful.

→ ______________________________

7 Remember that **it** is quite normal / **to act or feel** this way in your teens.

→ ______________________________

25 내 말은 몇 마리?

Words & Expressions

A 다음 영어 표현은 우리말 뜻을, 우리말은 해당하는 영어 표현을 쓰시오.

1 half ________________
2 leave ________________
3 farm ________________
4 solve ________________
5 a total of ________________
6 plus ________________
7 right ________________
8 유언장 ________________
9 현명한 ________________
10 돌려주다 ________________
11 이웃 ________________
12 빌리다 ________________
13 조언, 충고 ________________
14 결국, 마침내 ________________

B 우리말과 같은 뜻이 되도록 〈보기〉에서 알맞은 것을 골라 쓰시오. (필요하면 형태를 변형할 것)

보기 divide by ask for raise borrow receive

1 I want to ________________ two cats at home.
(나는 집에서 고양이 두 마리를 기르고 싶다.)

2 Do you have some money that I can ________________?
(나한테 빌려줄 돈 좀 있니?)

3 She ________________ the prize with some money.
(그녀는 약간의 상금과 함께 상을 받았다.)

4 Twelve can be ________________ ________________ three.
(12는 3으로 나눠질 수 있다.)

5 I am writing this letter to ________________ ________________ your help.
(당신의 도움을 요청하기 위해서 이 편지를 쓰고 있습니다.)

» Answers p.50

Translations

• 표시한 부분에 유의하여 본문의 주요 문장을 해석하시오.

1 The three sons were **confused** / because they could not **divide** 17 **by** 2, 3, or 9.

→ ______________________________

2 So they **asked** a wise man **for advice**.

→ ______________________________

3 He **told them to borrow** a horse / from their neighbor.

→ ______________________________

4 Now the three sons / had **a total of** eighteen horses.

→ ______________________________

5 The wise man gave the oldest son / **a half of the eighteen horses, nine horses**.

→ ______________________________

6 The middle son got **one third**, six horses.

→ ______________________________

7 In the end, / everyone received the right number of horses!

→ ______________________________

26 비누의 원리는?

Words & Expressions

A 다음 영어 표현은 우리말 뜻을, 우리말은 해당하는 영어 표현을 쓰시오.

1 dirt ____________ 8 비누 ____________

2 molecule ____________ 9 오염시키다 ____________

3 water-hating ____________ 10 환경 ____________

4 skin ____________ 11 제거하다 ____________

5 water-loving ____________ 12 다른 ____________

6 tiny ____________ 13 둘러싸다 ____________

7 cluster ____________ 14 씻어내다 ____________

B 우리말과 같은 뜻이 되도록 〈보기〉에서 알맞은 것을 골라 쓰시오. (필요하면 형태를 변형할 것)

보기 take away be made up bind with be surrounded by attach to

1 She ____________ the ring ____________ from her finger.
(그녀는 손가락에서 반지를 뺐다.)

2 Our bodies ____________ ____________ ____________ of cells.
(우리의 몸은 세포로 구성되어 있다.)

3 We ____________ the package ____________ a ribbon.
(우리는 리본으로 그 꾸러미를 묶었다.)

4 Korea ____________ ____________ ____________ sea on three sides.
(한국은 삼면이 바다로 둘러싸여 있다.)

5 He ____________ his photo ____________ the application form.
(그는 지원서에 그의 사진을 붙였다.)

Translations

• 표시한 부분에 유의하여 본문의 주요 문장을 해석하시오.

1 We use soap every day / **to wash** our hands.

→ ______

2 It removes dirt / and **takes it away**.

→ ______

3 Soap **is made up of** molecules, / and these molecules have two different parts.

→ ______

4 When you wash your dirty hands with soap, / the water-hating parts attach / to the dirt and oil on your hands, / **while** the water-loving parts **bind with** water.

→ ______

5 So, the dirt and oil **become surrounded** / **by** soap molecules, and they form tiny clusters.

→ ______

6 **This is because** / water and oil do not mix.

→ ______

7 Soap **works like** a bridge **between** water **and** oil, / so the dirt on your skin / can be easily rinsed away.

→ ______

27 돈을 많이 찍어 내면 좋을까?

Words & Expressions

A **다음 영어 표현은 우리말 뜻을, 우리말은 해당하는 영어 표현을 쓰시오.**

1 earn	______	8 예기치 않은	______
2 available	______	9 가치	______
3 silly	______	10 정부	______
4 limited	______	11 빚	______
5 whole	______	12 상황	______
6 totally	______	13 빵 한 덩이	______
7 decrease	______	14 끔찍한	______

B **우리말과 같은 뜻이 되도록 〈보기〉에서 알맞은 것을 골라 쓰시오.** (필요하면 형태를 변형할 것)

보기 burn few earn worthless increase

1 Critics say his paintings are ________.
(평론가들은 그의 그림들이 가치가 없다고 말한다.)

2 Wood is ________ in the fireplace.
(장작이 벽난로에서 타고 있다.)

3 The number of great white sharks is ________ recently.
(최근에 백상어의 수가 증가하고 있다.)

4 He ________ about $40,000 a year.
(그는 1년에 4만 달러 정도 번다.)

5 ________ people know much about his private life.
(그의 사생활을 많이 아는 사람은 거의 없다.)

›› Answers p.51

Translations

• 표시한 부분에 유의하여 본문의 주요 문장을 해석하시오.

1 Many people work hard to earn money, / but **few people** ever think / **that** they have enough.

→ ______________________________

2 The German government didn't have enough money, / so they **came up with** a plan.

→ ______________________________

3 They **decided to print** a lot of money / **to pay off** the country's debt.

→ ______________________________

4 Unfortunately, **the more** money they printed, / **the faster** its value decreased.

→ ______________________________

5 This **made prices increase** / and led to terrible situations.

→ ______________________________

6 They used it **as** wallpaper / or burned it instead of firewood.

→ ______________________________

7 Germany thought / **that** printing more money / would help the country.

→ ______________________________

28 접시까지 먹어 볼까?

Words & Expressions

A 다음 영어 표현은 우리말 뜻을, 우리말은 해당하는 영어 표현을 쓰시오.

1 wooden chopsticks	________	8 편리한	________
2 plate	________	9 쓰레기	________
3 disposable	________	10 포함하다	________
4 tableware	________	11 화학물질	________
5 plant-based	________	12 전자레인지	________
6 raw material	________	13 오염	________
7 trash can	________	14 친환경적인	________

B 우리말과 같은 뜻이 되도록 <보기>에서 알맞은 것을 골라 쓰시오. (필요하면 형태를 변형할 것)

보기 throw away taste like hurt disposable unlike

1 She never uses ________ straws or plastic bags.
(그녀는 일회용 빨대나 비닐봉지를 절대 사용하지 않는다.)

2 Sam's picture is quite ________ him.
(Sam의 사진은 실제와 완전히 다르다.)

3 It ________ ________ the ones my mom used to cook.
(그것은 우리 엄마가 만들어 주시던 것과 같은 맛이 난다.)

4 Dirty oil can ________ a car's engine.
(더러운 오일은 자동차의 엔진을 손상시킬 수 있다.)

5 Do not ________ ________ glass bottles, cans, and newspapers.
(유리병, 깡통, 그리고 신문을 버리지 마세요.)

Translations

• 표시한 부분에 유의하여 본문의 주요 문장을 해석하시오.

1 After a picnic in the park, / people usually **throw away** their paper cups, wooden chopsticks, and plastic plates.

→ ___

2 **To solve** this environmental problem, / a Polish company has **started making** special plates.

→ ___

3 The plates are special / because they **are made from** plant-based raw materials / and **don't contain** any chemicals.

→ ___

4 **Since** they are made from wheat bran, / they **taste like** bread!

→ ___

5 The plates will fully decompose within just 30 days / **without creating** any pollution.

→ ___

6 **Unlike** most disposable tableware, / these plates can be safely used / in the oven and the microwave.

→ ___

7 **Next time**, try these eco-friendly plates / **to help** our environment!

→ ___

29 기내식은 맛있을까?

Words & Expressions

A 다음 영어 표현은 우리말 뜻을, 우리말은 해당하는 영어 표현을 쓰시오.

1	air pressure	________	8	실망한	________
2	ground	________	9	환경	________
3	flavor	________	10	짠	________
4	cabin	________	11	감소시키다	________
5	significantly	________	12	둔한	________
6	tasty	________	13	식사	________
7	ironically	________	14	호흡하다	________

B 우리말과 같은 뜻이 되도록 〈보기〉에서 알맞은 것을 골라 쓰시오. (필요하면 형태를 변형할 것)

보기	prevent ~ from	as ~ as	taste	reduce	contain

1 Energy drinks ________ high levels of sugar and caffeine.
(에너지 드링크에는 설탕과 카페인이 너무 많이 들어 있다.)

2 Junk food may ________ good, but it's bad for your health.
(정크푸드는 맛이 좋을지는 모르지만 건강에 좋지는 않다.)

3 Planting many trees can help ________ the harmful gas.
(나무를 많이 심는 것은 해로운 가스를 줄이는 데 도움을 줄 수 있다.)

4 I want to tell her that I'm not ________ nice ________ she thinks.
(나는 그녀에게 내가 그녀가 생각하는 것만큼 착한 사람이 아니라고 말하고 싶다.)

5 Exercise will ________ yourself ________ getting sick.
(운동은 당신이 병에 걸리는 것을 막아줄 것이다.)

» Answers p.51

Translations

• 표시한 부분에 유의하여 본문의 주요 문장을 해석하시오.

1 But you may **be disappointed** / when you taste the meal.

→ ______________________________

2 Why is the food not **as good as** you expected?

→ ______________________________

3 When you fly in the sky, / the air pressure in the plane / becomes **lower** / **than** on the ground.

→ ______________________________

4 In addition, the air inside the cabin is **drier** / **than the air we breathe** / when we're on the ground.

→ ______________________________

5 So, it **prevents** our ears / **from** helping us taste the food.

→ ______________________________

6 This **causes** the food **to be** less tasty.

→ ______________________________

7 Ironically, the airline food / actually contains **more** salt and sugar **than** regular food / **to make** it more **delicious**!

→ ______________________________

30 연필이 보내는 메시지

Words & Expressions

A 다음 영어 표현은 우리말 뜻을, 우리말은 해당하는 영어 표현을 쓰시오.

1 thin	________	8 연필깎이	________
2 draw	________	9 바로 잡다, 고치다	________
3 advice	________	10 길이	________
4 dull	________	11 (사물의 뾰족한) 끝	________
5 sharpen	________	12 겉모습	________
6 guess	________	13 옷	________
7 thickness	________	14 고통	________

B 우리말과 같은 뜻이 되도록 〈보기〉에서 알맞은 것을 골라 쓰시오. (필요하면 형태를 변형할 것)

보기 make mistakes remember to inside overcome improve

1 ________ ________ lock the door when you are out.
(밖에 나갈 때 문을 잠그는 것을 기억해라.)

2 Don't be afraid of ________ ________!
(실수하는 것을 두려워하지 마세요!)

3 We should try hard to ________ the generation gap.
(우리는 세대 차이를 극복하기 위해 노력해야 한다.)

4 Never pass up a chance to ________ your English.
(당신의 영어 실력을 향상시킬 기회를 놓치지 마세요.)

5 The juice ________ coconuts is called coconut milk.
(코코넛 열매 안에 있는 즙을 코코넛 밀크라고 부른다.)

Translations

● 표시한 부분에 유의하여 본문의 주요 문장을 해석하시오.

1 I'**m** long and thin, **and** usually **made of** wood.

→ ______________________________

2 When I become dull, / I **need to be sharpened**.

→ ______________________________

3 Inside a pencil sharpener, / I feel pain, / but I get **much sharper** and better / than before.

→ ______________________________

4 We all **make mistakes** / and can learn from them / **while** we are **trying to fix** them.

→ ______________________________

5 Can you guess / **which part of me is** the most important?

→ ______________________________

6 It is **even more** important / **than** your appearance or your clothes.

→ ______________________________

7 So remember to improve / **what's inside** you every day.

→ ______________________________

31 거인을 위한 채소

Words & Expressions

A 다음 영어 표현은 우리말 뜻을, 우리말은 해당하는 영어 표현을 쓰시오.

1	pumpkin	________	8	양배추	________
2	carriage	________	9	기후	________
3	magically	________	10	박람회	________
4	giant	________	11	재배 기간	________
5	the North Pole	________	12	열악한	________
6	region	________	13	성장	________
7	up to	________	14	보통의	________

B 우리말과 같은 뜻이 되도록 〈보기〉에서 알맞은 것을 골라 쓰시오. (필요하면 형태를 변형할 것)

보기 famous for on average close to be located turn into

1 I read about two novels a month ________ ________.
(나는 평균적으로 한 달에 두 권 정도의 소설책을 읽는다.)

2 My grandfather's house ________ ________ on the river.
(우리 할아버지 집은 강가에 위치해 있다.)

3 The cow didn't let people come ________ ________ her baby.
(그 암소는 사람들이 자기 새끼에게 가까이 오지 못하게 했다.)

4 All your efforts will slowly ________ ________ cool talents.
(여러분의 모든 노력은 천천히 멋진 재능으로 바뀔 거예요.)

5 The First Lady is ________ ________ her excellent fashion sense.
(영부인은 뛰어난 패션 감각으로 유명하다.)

Translations

● 표시한 부분에 유의하여 본문의 주요 문장을 해석하시오.

1 A small pumpkin **was** magically **turned into** a big pumpkin carriage.

→ ______

2 The Alaska State Fair **is famous for** its giant vegetables.

→ ______

3 Cabbages are **as** heavy **as** people!

→ ______

4 Alaska has a very short growing season / of only 105 days **on average**.

→ ______

5 However, the state **is located close to** the North Pole, / so there are no long dark nights in the summer.

→ ______

6 These long hours of sunlight / **make the vegetables grow** bigger.

→ ______

7 **This is how** huge vegetables are grown / without magic!

→ ______

32 당신의 미각을 믿으시나요?

Words & Expressions

A 다음 영어 표현은 우리말 뜻을, 우리말은 해당하는 영어 표현을 쓰시오.

1 expensive ____________

2 quite ____________

3 moist ____________

4 exactly ____________

5 ingredient ____________

6 assume ____________

7 experiment ____________

8 가격 ____________

9 경우 ____________

10 동의하다 ____________

11 판단하다 ____________

12 품질 ____________

13 상품 ____________

14 포함하다 ____________

B 우리말과 같은 뜻이 되도록 〈보기〉에서 알맞은 것을 골라 쓰시오. (필요하면 형태를 변형할 것)

보기	the same	be held	assume	judge	quite

1 Don't ____________ of a man by his appearances.
(외모로 사람을 판단하지 마라.)

2 Let's ____________ what he says to be true.
(그가 말하는 것을 사실이라고 가정하자.)

3 Special spring festivals and events will also ____________ ____________ soon.
(곧 특별한 봄 축제와 행사가 열릴 것이다.)

4 We were in ____________ ____________ class when we were in the fourth grade.
(우리는 4학년 때 같은 반이었다.)

5 It's still ____________ cool here in the mornings and at night.
(여기는 여전히 아침과 밤에는 꽤 쌀쌀하다.)

›› Answers p.52

Translations

● 표시한 부분에 유의하여 본문의 주요 문장을 해석하시오.

1 In the experiment, / people **were asked to try** two different cakes.

→ ______________________________

2 **One** was $15, / and **the other** was $55.

→ ______________________________

3 **When asked** which cake tasted better, / most people agreed / that the $55 cake was better.

→ ______________________________

4 Later, they **were surprised to learn** / that the two cakes were exactly the same.

→ ______________________________

5 Sometimes, we use price / **to judge** the quality of a product.

→ ______________________________

6 We assume / that **the higher the price is**, / **the better the quality is**.

→ ______________________________

7 In this case, people assumed / that the more expensive cake **contained** better ingredients / or **came** from a famous bakery.

→ ______________________________

MEMO

MEMO

MEMO

READING
CLEAR 2

영역	브랜드	초1~2	초3~4	초5~6	중1	중2	중3	고1	고2	고3
독해	[중등] 기본서 **READING CLEAR**									
	[중등] 수능 대비서 **수작 중학 비문학 영어 독해**									
	[고등] 기본서 **Supreme 구문독해 / 유형독해**									
	[중·고등] 문장독해 **공식으로 통하는 문장독해** 기본 완성									
듣기	[중등] 듣기모의고사 **LISTENING CLEAR 중학영어 듣기모의고사**									
	[고등] 듣기모의고사 **Supreme 수능 영어 듣기 모의고사** 기본 실전									
어휘	[초·중·고등] 영단어, 영숙어 **뜯어먹는 시리즈**									
	[중·고등] 영단어 **보카클리어**									

READING CLEAR 2

영어 실력과 내신 점수를 한번에!

중학 영어 클리어 시리즈

- 문법 중학 영문법 | Level1~3
- 쓰기 문법+쓰기 | Level1~3
- 독해 READING CLEAR | Level1~3
- 듣기 중학영어 듣기모의고사 | Level1~3

- 재미와 정보가 가득한 **다양한 소재의 32개 지문** 수록
- 핵심 구문 32개로 **어려운 문법 구문의 정확한 해석**
- Reading Map으로 **글의 핵심 및 구조 파악 훈련**
- **내신 및 서술형 문제**까지 반영한 최신 독해 교재

ISBN 978-89-00-43315-9
정가 12,000원

동아출판

Telephone 1644-0600
Homepage www.bookdonga.com
Address 서울시 영등포구 은행로 30 (우 07242)

- 정답 및 해설은 동아출판 홈페이지 내 학습자료실에서 내려받을 수 있습니다.
- 교재에서 발견된 오류는 동아출판 홈페이지 내 정오표에서 확인 가능하며, 잘못 만들어진 책은 구입처에서 교환해 드립니다.
- 학습 상담, 제안 사항, 오류 신고 등 어떠한 이야기라도 들려주세요.

초고필

초등 고학년 필수

지금 국어 어휘를 해야 할 때

권장
5~6학년
예비 중등

동아출판

초고필 국어 시리즈 전 6권

비문학 독해 1	인문, 사회, 과학, 기술, 예술, 융합까지 전 영역을 다루는 독해 기본 단계
비문학 독해 2	인문, 사회, 과학, 기술, 예술, 융합까지 전 영역을 다루는 독해 심화 단계
문학 독해 1	소설, 시, 수필, 희곡, 복합까지 전 갈래를 수록한 독해 기본 단계
문학 독해 2	소설, 시, 수필, 희곡, 복합까지 전 갈래를 수록한 독해 심화 단계
국어 문법	단어, 문장, 말소리 영역을 한 권으로 정리
국어 어휘	속담, 관용어, 한자어, 한자성어 총 400개 어휘 수록

초고필

지금 **국어 어휘**를 해야 할 때

발행일 2019년 12월 20일
인쇄일 2023년 6월 20일
펴낸곳 동아출판(주)
펴낸이 이욱상
등록번호 제300-1951-4호(1951.9.19)
개발총괄 강희경
개발책임 송연재
개발 김유나 정화영
디자인책임 목진성
디자인 권구철
대표번호 1644-0600
주소 서울시 영등포구 은행로 30(우 07242)